青少年成长教育读本

学生素质培养读本

孟　露　杜　江　◆编著

吉林人民出版社

图书在版编目（CIP）数据

学生素质培养读本 / 孟露，杜江编著．-- 长春：
吉林人民出版社，2012.5
（青少年成长教育读本）
ISBN 978-7-206-09037-0

Ⅰ. ①学… Ⅱ. ①孟… ②杜… Ⅲ. ①素质教育 - 青
年读物②素质教育 - 少年读物 Ⅳ. ①G40-012

中国版本图书馆 CIP 数据核字(2012)第 112306 号

学生素质培养读本

XUESHENG SUZHI PEIYANG DUBEN

编　　著：孟　露　杜　江
责任编辑：郭雪飞　　　　　　　封面设计：七　洱
吉林人民出版社出版 发行（长春市人民大街7548号　邮政编码：130022）
印　　刷：北京市一鑫印务有限公司
开　　本：670mm×950mm　　1/16
印　　张：10　　　　　　　　字　　数：70千字
标准书号：978-7-206-09037-0
版　　次：2012年7月第1版　　　印　　次：2023年6月第3次印刷
定　　价：35.00元

目　录

树立公民意识　提高自身素质

遵守道德规范　做新世纪主人

明确人生观念　矢志奋斗成才

加强身心锻炼　塑造健全人格

名言警句启迪　思想智慧升华

树立公民意识
提高自身素质

什么是公民和公民意识

什么是公民？按照现代法学，公民是指自然人，是个人而不是群体的一种身份或资格；公民是一个反映个人与国家之间关系的概念，公民的权利和义务，都是与国家相关的；公民资格以一个人的国籍为转移；公民概念反映了公民之间在法律上的平等关系。

那么怎样划分中国公民呢？我国宪法明确规定，凡具有中华人民共和国国籍的人都是中华人民共和国公民。我国公民是指我国社会的一切成员，它包括成年人、未成年人和儿童，也包括被剥夺政治权利和违法犯罪的人。也就是说，只要具有中国国籍，不论年龄、性别、出身、职业、民族和种族、政治倾向和状态等，都是中国公民。

作为中国的公民，我们应从小就培养自己的公民意识。什么是公民意识呢？它主要包括了道德意识、纪律意识和法律意识。要树立公民意识，即奠定作人、作事、作普通劳动者，以及作领导干部的思想基础。青少年时期是人生理想成型的重要阶段，若公民意识树立不好，则后果不堪设想。青少年是祖国未来的主人，我国宪法和法律规定："凡具有中华人民共和国国籍的人都是中华人民共和国公民……在法律面前一律平等……享有宪法和法律规定的权利，同时必须履行宪法和法律规定的义务。"公民也"包括未成年人在内"。由此可见，教育青少年树立公民意识，培养公民素质，其意义是极为深远的。

做一个合格公民的基本要求

做一个合格公民，就必须具有公民意识，最重要的就是树立和发扬社会主义的道德风尚。它要求我们做到"五爱"，即我国宪法规定的中华人民共和国公民要"爱祖国、爱人民、爱劳动、爱科学、爱社会主义"。这是我国公民的公德的基本要求。"五爱"既是道德评价标准，也是全体公民必须遵守的道德行为规范。

在现阶段，我们爱祖国。就应该具有强烈的爱国热情，把个人的理想实现和祖国的前途紧密联系起来，把自己的命运和民族的兴衰联系起来。我们决不可忘记历史，决不可忘记国情，要全面关心祖国的统一和建设大业，随时准备为保卫祖国、建设祖国、统一祖国的伟大事业贡献自己的力量，实实在在为中华的腾飞而拼搏，即使牺牲生命也在所不惜。爱人民，就是要把人民当作社会的主人，自觉地做人民的勤务员，全心全意为人民服务，这是我们社会主义道德建设的核心；也就是要关心人民的疾苦，努力使人民摆脱贫困走上共同富裕的幸福道路，敢于同人民的敌人和危害人民利益的违法行为作斗争。爱劳动，就是要把劳动看成是自己的光荣职责，在各种不同岗位的劳动中发挥主动性、创造性和开拓进取精神，为社会主义现代化建设事业添砖加瓦。请记住，劳动创造了世界，也创造了我们人类。爱科学，就是要做到相信科学、破除迷信、学习科学、运用科学，迅速提高中华民族的科学文化水平，为使我国走向世界文明发展的最前列而奋力拼搏。爱社会主义，就是要坚定对建设美好的有中国特色社会主义的信念，坚持社会主义方向，自觉履行保卫社会主义制度和保护社会公共财产的神圣义务。

"五爱"应该成为青少年成长的一面镜子。要做一个合格的公民，就必须时时刻刻遵守这一社会主义道德规范，努力提高个人的公民素质。这是祖国和人民的希望，也是每一个青少年的愿望。

爱祖国，爱人民

爱祖国，爱人民，这是公民精神的根本所在，是最重要的素质。任何一个优秀的公民必定是深深地爱着自己的祖国，爱着自己的人民。热爱祖国，热爱人民是公认的高尚的道德情操，也是评价一个人思想和行为的重要标准。一代伟人毛泽东缔造了中华人民共和国，而他整个一生都与"全心全意为人民服务"分不开；人民的总理周恩来，从青少年时代开始就立志"为中华之崛起而读书"，把自己的一生都贡献给祖国和人民；社会主义现代化的总设计师邓小平是中国人民的儿子，他深深地爱着自己的祖国和人民，把整个一生都托付给祖国和人民。古今中外的人们对爱国者都充满了敬仰、爱戴之情，歌颂他们的业绩，使其流芳百世。正如我国的民族英雄岳飞、郑成功，波兰的肖邦等，世世代代的人们都缅怀他们；相反，那些卖国贼、民族败类、内奸式的人物，总是遭到人们的唾弃。爱国爱民是一种深厚的感情，但只有把这种深厚的感情落实为行动，才称得上是一个真正的爱国主义者。因此，爱祖国爱人民就要：

维护祖国的统一，促进民族的团结。我们的祖国是一个有着悠久历史的、多民族的统一国家，中华民族是一个由 56 个民族组成的大家庭。这个大家庭是 5000 年来民族融合的结果，它反映了历史发展的规律，体现了所有炎黄子孙的心愿。在历史上，许多民族英雄为了促进祖国的统一、民族的和睦团结做出了不朽的功绩，如两次出使西域的张骞，深受西藏人民爱戴的文成公主，远嫁塞外的王昭君，忠精报国的岳飞，吟育"人生自古谁无死，留取丹心照汗青"的千古绝唱、视死如归、赤心报国的文天祥，收复台湾的郑成功，虎门销烟、誓死反侵略的林则徐……上下五千年，爱国爱民的仁人志士不胜枚举。历史证明，只有一个团结、统一的民族，才能成为一个强大的民族。实现民族团结，是全国各族人民的共同心愿。在邓小平"一国两制"的构想下，香港澳门终于回到祖国的怀抱，举国上下无不为之扬眉吐气。然而宝岛台湾的台独分子还在竭力阻挠台湾回归，这是中华民族绝不允许的。因此，维护包括香港、澳门、台湾在内的国家统一，反对民族分裂，无论今天还是下个世纪，都是每个爱国青年的神圣职责。

维护国家独立，抗击外国侵略者。中华民族近代百年历史，是一部写满屈辱的历史，也是一部中华儿女保卫祖国、抗击外国侵略者的英勇斗争史。昨天的历史耻辱不能在未来重演，已经强大起来的社会主义中国决不能再容忍任何国家的欺凌。虽然和平与发展将成为21世纪的主旋律，但是地区性的战争还可能发生，霸权主义还会存在。因此，对于任何窥视我国领土、侵犯我国主权的行径，我们都应提高警惕，并给予坚决打击。作为青少年，国家的未来靠我们来保卫，我们应从小增强国防意识，长大了要踊跃参军，为保家卫国贡献力量。

具有民族自尊心、自信心和自豪感。民族自尊心、自信心和自豪感，就是对自己民族的尊重和热爱，表现为维护祖国的尊严和荣誉，坚信自己民族的伟大力量，相信自己的民族具有光明的前途，为自己民族的发展和取得的成就感到骄傲和光荣。具有民族自尊心、自信心和自豪感，是爱祖国爱人民的首要的、基本的要求，是每个人在处理个人和祖国关系时所应有的道德境界，是精神建设的根本反映，是作为一个中国人最起码、最基本的条件。

处处为国家为人民着想。在邓小平建设有中国特色的社会主义理论指导下，在改革开放过程中，我们的祖国日益强大，人民生活水平不断提高。但和发达富裕的国家相比，我们还是落后的，还只是发展中的国家。摆在祖国"四化"建设中还有许多困难，况且因祖国幅员辽阔，东南沿海和西北内陆经济发展差异很大，城乡差别也很大，许多老百姓还正努力摆脱贫困走上致富道路。我们是国家未来的主人，应该时时刻刻为国家为人民着想，事事要精打细算，不要讲究奢侈享受，不能"今朝有酒今朝醉，明日愁来明日忧"。我们应该立志为国家的富强，为人民生活水平的提高而努力奋斗。

奋发图强，振兴中华。真正的爱国主义者不是把爱国的豪言壮语停留在口头上，而是要落实到行动中。在未来的世纪里，国家之间的竞争将主要是科技方面的竞争，一国的经济水平将成为决定其国际地位的关键因素。作为新世纪的主人，爱国首先就要为祖国的社会主义建设事业添砖加瓦，为祖国的繁荣昌盛、为振兴中华贡献青春和热血。我们没有任何理由因为祖国目前还比较贫穷落后就厌弃她，忠诚的爱国主义者不应悲观叹息，而应发奋图强，立志为彻底改变祖国的落后面貌而艰苦奋斗。作为跨世纪的公民，从现在起就要立下报国之志，掌握建国之才，只有这样，才能成为下个世纪当之无愧的国家主人。

爱劳动，爱科学

中华民族以自己的勤劳勇敢著称于世界，几千年的文明史都是劳动人民辛勤谱写的，其间的一切发明创造都是劳动人民的血汗结晶。世界的历史同样是世界劳动人民所创造的，没有劳动就没有世界，劳动创造了世界，也创造了人类本身。劳动是一切物质财富和精神财富的源泉。没有劳动，人类就不能生存。任何轻视劳动的思想和行为都是危险的。

爱劳动就是要养成自觉劳动的习惯，在劳动中发挥主动性和创造性，为社会创造物质财富和精神财富；就是要尊重劳动人民，珍惜劳动成果，厉行节约，不计报酬。爱劳动还要培养共产主义的劳动态度，积极参加不计报酬的劳动，自觉自愿地为社会和人民作贡献。

在热爱劳动方面，蒋筑英、罗健夫、时传祥、张秉贵等一批模范人物，给我们树立了学习的榜样。蒋筑英是中国科学院长春光学精密机械研究所的研究人员，他热爱本职工作，以饱满的热情和进取精神从事科学研究，不计名利，发奋工作，为发展我国光学事业作出了重要贡献。他逝世后，被追认为吉林省特等劳动模范。罗健夫是航天工业部陕西骊山微电子公司的工程师。1969 年，他接受了研制图形发生器的任务，带领研制人员艰苦奋战，顽强攻关，废寝忘食地工作。经过艰苦努力，终于成功研制出Ⅰ、Ⅱ、Ⅲ型图形发生器，受到全国科学大会奖励。他逝世后，陕西省政府追认他为特等劳动模范。时传祥是北京崇文区清洁队的掏粪工人。他热爱自己的工作。不怕脏，不怕臭，风里来，雨里去，背着粪桶，穿街走巷，以一人脏换来万人净。他常常一天工作十几个小时，成为清洁工人的一面旗帜。张秉贵是北京百货大楼的售货员。他为了提高劳动效率，更好地为人民服务，夜以继日地练"一抓准"、"一口清"。他天天晚上对着路灯，用瓦片练习包点心。抓了称，称了抓，背了算，算了背，终于练成真功夫，成为全国商业战线的模范。

青少年要向劳动模范学习，从小养成热爱劳动的良好习惯。不娇气，不懒惰，自己能做的事情自己做，不会做的事情要学着做。积极参加学校劳动、家务劳动和公益劳动。尊重和热爱工人、农民、解放军和其他劳动者，爱惜劳动成果，知道衣食住行等各种劳动成果来之不易。鄙视不劳而获或少劳多获的行为，以勤奋劳动创造财富为荣。锻炼好劳动本领，立志为建设祖国、为祖国创造更多财富而奋斗。

青少年爱科学，首先要明白科学技术是第一生产力。建设社会主义祖国，实现四个现代化，实现共产主义理想，离不开科学技术。

青少年必须从小努力学习科学文化知识，立志为祖国的科学事业贡献力量。要懂得只有学好科学文化知识，长大才能建设祖国、保卫祖国；要知道认真刻苦、不怕困难、虚心好学、勤于思考、勇于实践才是掌握科学文化知识的途径。

爱社会主义

热爱我们的社会主义祖国，就要热爱我们的社会主义制度。只有中国共产党领导下的社会主义制度，才有我们今天的幸福生活，才有祖国的日益强大。热爱社会主义，是我们今天爱国主义的本质。

"在当代中国，爱国主义和社会主义，本质上是统一的。"爱国主义和社会主义之所以是统一的，是因为社会主义是中国社会发展的必然产物；是因为只有社会主义才能救中国，才能为伟大的中华民族复兴开辟道路；是因为否定社会主义必然复辟资本主义，使中国丧失民族的独立，滑向卖国主义。

我们国家由民主革命发展到社会主义革命和进行社会主义建设，是历史发展的必然趋势。中国人民从 100 多年的革命和切身体验中，早已得出了不可动摇的历史结论：

在中国走资本主义是行不通的，只有社会主义才能救中国。社会主义比资本主义具有更大的优越性。消灭了剥削制度，人民当家作主，人们之间互相平等，相互爱护，逐步走向共同富裕。目前，我们还是一个经济不发达的国家，如果放弃社会主义制度，就会再次沦为殖民地。

爱科学包括了以下几方面的内容：学科学，努力掌握科学文化知识，勇攀科学高峰，在改造世界的实践中力求有所发现，有所发明，有所创造，有所前进；应用科学文化知识为现代化建设服务，造福子孙后代，造福人类社会，为实现共产主义远大理想作出贡献；尊重科学，尊重知识，尊重人才。此外，爱科学还表现为追求真理，反对迷信，坚持实事求是，按客观规律办事。

热爱科学，钻研科学，为科学献身，这是古往今来许多科学家的共同特征。我国历史上为科学献身的科学家不胜枚举。明朝地理学家徐霞客，从小热爱科学，为了考察许多江河的水源和流向。他"不避风雨，不惮虎狼，不计程期，不求伴侣"地踏遍青山，以毕生的精力考察和研究中国地理，为中国地理学作出了重大贡献。现代气象学家竺可桢为了开创中国的气象研究，留学美国时便立下志向，要在中国创办气象研究机构。他回国后，在东南大学创办了中国自办的第一个气象测候所。竺可桢深知科学人才对于科学研究的重要性，他除致力于研究气象学外，一生从事教育，广泛团结科技人才，为祖国培养了大批既有爱国之心又有科学知识的优秀人才。

培养爱科学的精神，最重要的还是要培养创业敬业精神。在科学发展史上，许多著名的科技专家为科学事业无私奉献，乃至献出自己的宝贵生命，这正是这种强烈的创业和敬业精神的真实写照。没有创业和敬业的献身精神，就无法去开发具有极大潜能的科技力量，就没有科技的进步。"第一流人才对时代和历史进程的意义，在其道德品质方面，也许比单纯的才智方面的成就更大"。可能出现曲折甚至失误，但通过社会主义制度本身的自我完善是可以克服前进道路上的艰难与曲折的。我们广大青少年更应该懂得，社会主义是我们成才的保证，坚持社会主义道路才能使自己成为社会主义事业真正有用的建设者和保卫者。

既然在当代中国爱国主义的本质是热爱社会主义，那么，全力投身于社会主义建设事业，就是把爱国热情化为爱国行动的具体要求。

热爱社会主义，必须要坚持四项基本原则：坚持社会主义道路，坚持无产阶级专政，坚持共产党领导，坚持马列主义毛泽东思想。热爱社会主义，必须要无限忠诚社会主义事业，为建设有中国特色的社会主义努力工作，多做贡献。热爱社会主义是当代中国公民的最基本要求。

遵纪守法

关于公民意识，最重要的是法律意识。青少年应该了解清楚什么是法律和法律意识。法律是客观、公正的象征。它是约束人们行为的规范。道德作为人的行为规范，具有自知、自择、自律的特点，是发自内心而非强制的。但是，法律明确告诉人们哪些行为是错的，哪些行为会对社会造成危害。它是由国家立法机关制定或认可的，并且通过国家的强制力量如警察、监狱、法庭等来保证实施。因此，法律具有国家意志性，对人们的行为的约束具有强制性。

守法、护法是公民应有的美德，也是法律的要求。青少年应当树立守法护法的观念，自觉地、严格地用法律规范自己的行为，不做违法犯罪的事，同时，积极地、勇敢地维护自己的合法权益，维护国家和人民的利益，同违法犯罪作斗争。要做到这样，就必须增强法律意识，提高自身素质，使自己具有预防违法犯罪和自我保护的能力。概括起来，我们必须做到下面几个方面：

一、必须具备优良的思想品质。而思想品质的基本因素包括道德修养、气质修养、文化修养、人生价值观、情操情趣、心理性格。这些品质要素集中起来，就是要求我们不断提高自己的思想觉悟，使自己有一个正确、健康而崇高的人生目标。它形成了人健康的精神面貌和健全的人格。这些良好的品质是作为一个合格公民所应具备的基本条件，它们综合反映出公民素质的高低。任何一个当代的好市民、好村民、好工人、好农民、好战士、好干部、好学生……都应具有这些品质。

二、要不断提高自己的道德水平。道德和法律都是规范人们行为的准则，两者的关系十分密切。在我们国家，凡是对社会主义法律禁止的行为都是应受到社会主义道德谴责的行为；凡是社会主义法律所要求的行为，必然是社会主义道德所提倡的行为。一个人道德水平高低，与能否自觉遵纪守法相关。一个有道德的人是不会故意去干违法的事的，"见恶如探汤，为善恐不及"。

三、要增强社会主义法律意识。人的行为是由思想意识支配的，要做到自觉用法律来规范自己的行为，就要有社会主义法律意识。所谓法律意识，是指人们对于法律和有关法律现象的观点和态度的总和。有些青少年容易走上违法犯罪的道路，很重要的一个原因就是缺乏社会主义法律意识。

法律意识包括三个部分：一是法律知识；二是法律态度；三是守法行为修养。

青少年朋友们，要想成为社会主义现代化建设事业合格的接班人，做一个优秀的中华人民共和国公民，就必须自觉地学习各种法律知识，依照法律规范约束个人行为，逐步养成遵纪守法的良好习惯。通过学习法律知识，就会知道自身哪些权益应受到法律保护，哪些活动会受到法律的约束，怎样运用法律知识保护自身和他人的正当权益，从而树立严格的法制观念，敢于同违法犯罪分子作斗争，自觉维护社会的稳定。通过学习法律知识，还可以正确认识我国社会主义制度和人民政权的性质，从而树立坚定的政治立场，增强主人翁的社会责任感，勇敢地保护国家利益和国家安全。青少年学习法律知识是培养自己成为有理想、有道德、有文化、有纪律的公民的需要，是维护自身合法权益的需要，是运用法律同违法犯罪分子作斗争、履行公民职责的需要。学法守法，是新世纪公民必备的素质。

一个公民，不但要有道德意识、法律意识，还必须有纪律意识。什么是纪律和纪律意识？纪律，它处于道德和法律之间。它要求人们遵守业已确定的秩序，是执行命令和履行自己的职责的一种行为规则。纪律具有约束力，具有一定的强制性，所以每个人都应遵守纪律，谁违反了都要被制止，严重的还要给予批评和处分。一个组织没有纪律，就会丧失战斗力；一个人不守纪律，将来就难以成才。纪律，是明确我们的行为的要求、告诉我们应该怎样做，不应怎样做。所以，我们应时时处处自觉遵守纪律，保证我们有一个良好的学习、生活秩序，这就是纪律意识。

一个遵纪守法的公民，他一定是有道德的，而一个有道德的公民，他也一定自觉遵纪守法。

青少年，法律这样说

青少年作为成长中的公民一定要学法知法守法，懂得公民的基本权利和义务，增强对国家、对民族、对社会的责任感，提高民主素质和法制观念。

不同的年龄阶段，在法律上有着不同的意义。对青少年来说，我国法律、法规涉及年龄的规定主要有下列各种情况：

（一）年满 6 周岁和 7 周岁

凡年满 6 周岁的儿童，应当得到不受规定年限的义务教育，条件不具备的地方，可推迟到 7 周岁。

（二）12 周岁至 17 周岁

工读学校的招生对象是 12 周岁至 17 周岁有违法或轻微犯罪行为，不适宜备在学校学习，但又不够劳动教养，少年收容所教养或刑事处罚的中学生（包括那些被学校开除或自动退学、流浪在社会上的 17 周岁以下的青少年)。

（三）13 周岁以上未满 18 周岁

少年犯管教所接受少年犯为 13 周岁以上、未满 18 周岁未成年人。

（四）不满 14 周岁

1. 不满 14 周岁的人是完全不负刑事责任的人；2. 不满 14 岁的人违反治安管理的。免予处罚；3. 奸淫不满 14 周

岁幼女的，均以强奸论，从重处罚；4. 不满 14 周岁的丧失
父母的孤儿、查找不到生身父母的弃婴和儿童、生身父母
有特殊困难无力抚养的子女都可以收养。

（五）已满 14 周岁不满 16 周岁

1. 已满 14 周岁不满 16 周岁的人是相对负刑事责任时
期，只对犯杀人、重伤、抢劫、放火、惯窃或其他严重破
坏社会秩序罪负刑事责任；2.14 周岁以上不满 16 周岁未成
年人犯的案件一律不公开审理。其中不予刑事处罚的，
责令其家长或其他监护人加以管教；必要时，也可以由政
府收容教养。

（六）已满 14 周岁不满 18 周岁

1. 已满 14 周岁不满 18 周岁的人犯罪，应当从轻或者
减轻处罚；2. 已满 14 周岁不满 18 周岁的人违反治安管理
的，从轻处罚。

（七）未满 16 周岁

1. 不准在道路上赶畜力车；2. 任何组织或个人不得招
用未满 16 周岁的未成年人，国家另有规定的除外；3. 我国
最低就业年龄为 16 周岁。法律禁止招用童工，文艺体育和
特种工艺单位招用未满 16 周岁的未成年人，必须依照国家

有关规定，履行审批手续，并保障其接受义务教育的权利。违反国家规定，擅自使用童工者，将受到处罚。依照现行法规，每招用一名童工，罚款 3000 元至 5000 元。对情节严重、屡教不改者，责令停业整顿，直至吊销营业执照。

未成年工应得到必要的劳动保护。未成年工是指年满 16 周岁未满 18 周岁的劳动者。国家对未成年工不能从事矿山井下、有毒有害的劳动，不得安排国家规定的第四级体力劳动强度的劳动和其他禁止从事的劳动。

用人单位应对未成年工定期进行健康检查。

（八）已满 16 周岁

1. 已满 16 周岁的人犯罪，应当负刑事责任；2. 居住在中华人民共和国境内的年满 16 周岁的中国公民，应当申请领取居民身份证；3. 年满 16 周岁的人可以被企业招用为工人。

我国法律规定，年满 18 周岁是成年的标志（有的国家规定 19 岁或 20 岁甚至 21 岁、23 岁为成年，也有规定 17 或 16 岁为成年）。

我国公民年满 18 岁享有选举权和被选举权。

《中华人民共和国宪法》第二章规定了《公民的基本权

利和义务》（详见宪法第 33 条至第 56 条）。其中第 34 条规定："中华人民共和国年满 18 周岁的公民，不分民族、种族、性别、职业、家庭出身、宗教信仰、教育程度、财产状况、居住期限，都有选举权和被选举权，但是依照法律被剥夺政治权利的人除外。"

这里所说的。"被选举权"主要是指可以被选举为人民代表大会代表。如担任重要领导职务，对年龄还有特殊的规定。例如：年满 45 周岁才能被选为国家主席；年满 23 周岁才可以担任法院院长或被选为人民陪审员。

年满 18 周岁具有完全民事行为能力。

民法典第 17 条规定："18 周岁以上的公民是成年人，具有完全民事行为能力，可以独立进行民事活动，是完全民事行为能力人。"

所谓"民事行为能力"是指独立行使民事权利和承担义务的资格和能力。公民的民事能力同他的年龄和智力发育相适应。10 周岁以下的儿童和精神病人，没有行为能力，他的民事权利和义务，由其家长、亲友或负有保护责任的机关代理；10 周岁以上未满 18 周岁的未成年人，具有部分民事能力，例如，他买一般的生活用品，但不能买卖房屋和开办公司等等，法律上称为"限制民事行为能力人"；年满18周岁而又神智正常的成年人具有完全民事能力。

年满18周岁应依法服兵役。

《兵役法》规定："凡年满18周岁的男性公民，应被征集服现役；当年未被征集，在22岁以前，仍可被征集，根据军队需要，也可按照上述年龄征集女性公民。"在平时，士兵（包括志愿兵）服现役的年龄是18—35周岁，主要是18周岁的公民。士兵预备役的年龄也是18—35周岁。

年满18周岁的人违反治安管理规定的，依法予以处罚。《治安管理处罚条例》第9条规定："已满14周岁不满18周岁的人违反治安管理的，从轻处罚；不满14周岁的人违反治安管理的，免于处罚，但是可以给予训诫并责令其监护人严加管教。据此规定，年满18周岁的人违反治安管理的，应当依法处罚。

年满18周岁的人犯罪，应当承担完全的刑事责任。

在《刑法》第十七条规定："已满16周岁的人犯罪，应当负刑事责任，已满14周岁不满16周岁的人犯故意杀人、故意伤害致人重伤或者死亡、强奸、抢劫、贩卖毒品、放火、爆炸、投毒罪的，应当负刑事责任。"

已满 14 周岁不满 18 周岁的人，犯罪应当从轻或者减轻处罚。

因不满 16 周岁不予刑事处罚的，责令他的家长或者监护人加以管教；在必要的时候、也可以由政府收容教养。"

刑法第 49 条规定："犯罪的时候不满十八周岁的人……不适用死刑。"

青少年在成长过程中，应当了解公民有哪些权利，一方面使自己明确自身享有哪些权利，以免受到他人的侵犯；另一方面，知道他人享有哪些权利，以便自觉尊重他人权利，不去做侵犯他人权利的事。

选举权和被选举权

选举权和被选举权是我国公民基本的政治权利之一。选举权是指公民享有选举国家代表机关代表（如各级人民代表大会代表）或其他公职人员（如各级政府首长）的权利。被选举权是指公民有被选为国家代表机关代表或其他公职人员的权利。

在我国，公民只要具备下列条件就可以依照法律享有选举权和被选举权：1. 具有中国国籍；2. 年满 18 周岁；3.

未被依法剥夺政治权利。

控告权和检举权

公民有权对违法失职的国家机关及其工作人员的侵权行为提出指控，请求有关机关对违法失职者给予制裁；公民还有权对国家机关工作人员的违法失职行为向有关机关检举。公民可以向以下机关提出控告、检举：

1. 对违法犯罪行为，向人民法院或检察院提出，或向公安机关提出；

2. 对违反政纪的行为向主管单位或上级单位提出；

3. 对国家机关的违法决定向同级权力机关或者上级权力机关提出；

4. 对违反党纪或党员违法犯罪行为向党的纪律检查委员会提出。

公民的民事权利

民事权利是民事主体根据我国《民法通则》和其他有关法律所享有的权利。民事权利包括：

1. 人身权，公民有生命健康权、姓名权、肖像权、名誉权、婚姻自主权等，法人、个体工商户、个人合伙享有名称权、名誉权、荣誉权等。

2. 知识产权，有著作权、专利权、注册商标专用权、发现权等。

3. 债权，有合同之债、无因管理之债、不当得到之债、侵权行为之债等。

4. 财产权，其中有财产所有权、财产继承权、与财产所有权相关的经营权、承包经营权等。

公民的人身权利

一些主要的公民人身权利：生命健康权、肖像权、名誉权、荣誉权、姓名权、隐私权、婚姻自主权、人身自由权。

1. 生命健康权。这是每一个人最重要也是最基本的权利，它包括了生命权和健康权两个部分。我国法律规定，公民享有生命健康权，不容他人侵犯。伤害他人生命，无论是故意还是过失，都要承担法律责任。侵害公民生命健康权的违法行为：如殴打，杀人，投毒致死或残、恐吓致人精神分裂、高空掷物致死（伤）人、饲养动物咬死（伤）

人等等。

2. 肖像权。肖像，是指描绘具体人物形象的绘画或照片，它是公民身体特征的缩影或真实写照。法律规定："公民享有肖像权，未经本人同意，不得以营利为目的使用公民肖像。"如未经本人同意，把其肖像以盈利为目的当作广告刊印出来，或作为杂志封面、插页或作为某些单位的橱窗摆设的，属于侵权行为。非盈利性的、没有恶意的，如新闻报道、摄影艺术等不属侵权，要区分清楚。

3. 名誉权。名誉，是社会对某一公民的品德、声望、信誉等方面的评价，它代表着公民的人格尊严。我国法律规定："公民享有名誉权，公民的人格尊严受法律保护，禁止用侮辱、诽谤的方式损害公民的名誉。"

4. 荣誉权。荣誉是社会、国家、组织给予公民的美名或光荣称号。我国法律规定："公民享有荣誉权，禁止非法剥夺公民的荣誉称号，包括荣誉证书、奖章、纪念品。"

5. 姓名权。公民的姓名是区别其他公民的称号或代号，还包括公民的曾用名、别名、笔名等。我国法律规定："公民享有姓名权，有权决定、使用和依照规定改变自己的姓名，禁止别人干涉、盗用、假冒"。如盗用他人姓名冒领款项、签订合同等，这些都是侵犯他人姓名权的违法行为。

6. 隐私权。这是我国公民享有的权利。青少年的隐私权同样受法律的保护。未成年人保护法规定：任何组织和个人不得披露未成人的隐私。如个人的生理缺陷、隐疾、个人心理活动、日记内容以及其他隐私。

7. 婚姻自主权。婚姻自主权属于人身权的一种。未成年人保护法明确规定："父母或其他监护人不得允许或者迫使未成年人结婚，不得为未成年人订立婚约"。但是，另一方面，享有婚姻自主权并不意味着想结婚就可以结婚，想同谁结婚就可以同谁结婚，而必须符合婚姻法的规定。

公民需要符合什么法定条件才能结婚呢？

结婚是一种法律行为，行为的后果是确立夫妻关系。因此结婚必须符合法定条件：

1. 必须男女双方完全自愿，不许任何一方对他方加以强迫，不许任何第三方加以干涉。

2. 必须达到法定婚龄，男不得早于 22 周岁，女不得早于 20 周岁。

3. 必须符合一夫一妻制，男女一方或者双方已有配偶的不得结婚。

4. 必须经过法定程序，即登记结婚。

此外，法律禁止结婚的情形是：①直系血亲和三代以内的旁系血亲；②患医学上认为不应结婚的疾病。

人格权

人格权是指公民的姓名权、肖像权、名誉权、荣誉权、人身权等。

我国宪法明确规定："公民的人格尊严不受侵犯，禁止以任何方法对公民进行侮辱、诽谤和诬告陷害。"

我国刑法规定对犯有侮辱、诽谤和诬陷罪予以处罚。我国民法规定了对公民生命、健康、姓名等侵权的民事责任。我国治安管理处罚条例对公然侮辱他人或捏造事实诽谤他人，但未构成犯罪的，处以拘留、罚款或警告。

人身自由权

公民的人身自由权是公民人身权的组成部分，是指公民的人身和行动受自己支配及控制，非法定程序不受逮捕、拘禁、搜查和侵害。

公民的人身权作为一项基本权利，不仅包括公民的身体不受非法拘捕、限制、搜查、审问和侵害，而且包括公民的人格尊严不受侵犯，公民的住宅不受侵犯，公民的通信自由和通信秘密受法律保护等内容。

财产所有权

财产所有权是指财产所有人依法对自己的财产享有占有、使用、收益、处分的权利。个人的合法财产受法律保护，任何人不能抢劫、盗窃、毁损、诈骗、勒索或者非法查封、扣押、冻结、没收。非法侵犯他人财产的所有权，都要受法律追究。别人拾得自己的财物，或重收、多收自己货款，有权向对方要求返还。未成年人接受父母或其他监护人的监护，因而在行使财产所有权时应受到一定年龄限制，必须征求监护人的意见。

财产继承权

继承制度是把死者遗留的财产转移给继承人所有的一种法律制度。在继承关系中，死者叫被继承人，接受遗产的叫继承人，死者遗留的财产叫遗产。继承人依法取得遗产权利，叫财产继承权。

哪些财产可以作为遗产继承？按照《继承法》及有关法律规定，应包括：公民的收入；公民的房屋、储蓄和生活用品；公民的林木、牲畜和家禽；公民的文物、图书资料；法律允许公民所有的生产资料；公民的著作权、专利权中的财产权利；公民的其他合法财产，如有价证券、债权等。遗产不能包括：他人的财产，如夫妻共有财产中属另一方的份额；承包权、租赁经营权、房屋租用权、宅基地使用权等财产使用权益；除非法律另有特殊规定，指定受益人的人身保险赔金；被承人生前已赠送或处分转归他人所有的财产；继承人死亡后发给的抚恤金，同接受抚恤的本人间接享受，不能作为遗产、人身权等。

公民死亡后，哪些人是继承人？法律规定享有继承权的法定继承人，可以作为遗产的继承人。法定继承人应根据《继承法》规定的继承顺序继承：第一顺序：配偶、子女、父母。第二顺序：兄弟姐妹、祖父母、外祖父母。继承开始，由第一顺序继承人继承，第二顺序继承人不继承。没有第一顺序继承人或者第一顺序继承人全部放弃或丧失继承权时，由第二顺序继承人继承。

知识产权

知识产权是基于人类富有创造性的智力活动而产生的权利。知识产权具有人身权和财产权双重属性，即权利人在享有对自己智力成果的署名权、获得荣誉权等的同时，还可以因使用或转让智力成果而获得经济利益。知识产权包括著作权、专利权、商标权、发明权、发现权以及其他科技成果权。

著作权

著作权又称版权，是民事权利的一种。它是作者对其创作的文学、科学和艺术作品依法享有的权利。《著作权法》规定了著作权的内容有发表权、署名权、修改权、保护作品完整权、使用权及获得报酬权。其中前四项属于人身权。后两项属于财产权。著作权中的财产权又可具体化为复制权、表演权、播放权、展览权、发行权、摄制电影、电视、录像权、改编权、翻译权、编辑权、许可他人使用作品权、获得报酬权等多项权利。

受教育者的权利

根据教育法的规定，受教育者享有下列的权利：1. 参加教育教学计划安排的各种活动，使用教育教学设施、设备、图书资料。2. 按照国家有关规定获得奖学金、贷学金、助学金。3. 在学业成绩和品行上获得公正评价，完成规定学业后获得相应的学业证书、学位证书。4. 对学校给予的处分不服，可向有关部门提出申诉；对学校、教师侵犯其人身权、财产权等合法权益，也可提出申诉或依法提请诉讼。

受抚养教育权

《婚姻法》规定：父母对子女有抚养教育义务。也就是说，子女享有受父母抚养教育的权利。这种权利主要表现在：子女对父母有权要求为其生活和学习提供一定的物质条件，负担其生活费用和学习费用；有权要求父母为其成长提供良好的教育，给予应有的保护。

劳动权

公民的劳动权利就是有劳动能力的公民享有平等就业

和选择职业的权利、取得劳动报酬的权利、休息休假的权利、享受社会保险和福利的权利、提请劳动争议处理的权利以及法律规定的其他劳动权利。

消费者权利

根据《消费者权益保护法》规定，消费者享有以下权利：1. 在购买、使用商品和接受服务时享有人身、财产安全不受损害的权利；2. 享有知悉其购买、使用的商品或接受的服务的真实情况的权利；3. 享有自主选择商品或服务的权利；4. 享有公平交易的权利，有权拒绝经营者的强制交易行为；5. 因购买、使用商品或接受服务受到人身、财产损害的，享有依法获得赔偿的权利；6. 享有依法成立或加入维护自身合法权益的社会团体的权利；7. 享有获得有关消费和消费者权益保护方面的知识权利；8. 在购买、使用商品或接受服务时，享有其人格尊严、民俗风俗习惯得到尊重的权利；9. 享有对商品和服务以及保护消费者权益工作进行监督、批评，以及对违法行为进行检举、控告的权利。

通信自由和通信秘密不受侵犯权

我国宪法规定公民通信自由和通信秘密受法律保护。公民的通信包括书信、电报、电话等各种通信手段。通信自由是指公民可以自由与别人通信，不受别人干涉。通信秘密是指公民的通信内容受法律保护，他人不得非法私拆、隐匿、毁弃、偷阅。除因追查犯罪的需要由公安机关或者人民检察院依照法律规定的程序进行检查，或者对无行为能力的未成年人的信件由其父母或者其他监护人代为拆开外，任何组织或者个人不得拆开。父母、老师、学校、同学都不能私自拆开中小学生信件。

公民的基本权利和义务

（摘录自《中华人民共和国宪法》第二章）

第三十三条　凡具有中华人民共和国国籍的人都是中华人民共和国公民。

中华人民共和国公民在法律面前一律平等。

任何公民享有宪法和法律规定的权利，同时必须履行宪法和法律规定的义务。

第三十四条 中华人民共和国年满 18 周岁的公民，不分民族、种族、性别、职业、家庭出身、宗教信仰、教育程度、财产状况、居住期限，都有选举权和被选举权；但依照法律被剥夺政治权利的人除外。

第三十五条 中华人民共和国公民有言论、出版、集会、结社、游行、示威自由。

第三十六条 中华人民共和国公民有宗教信仰自由。

任何国家机关、社会团体和个人不得强制公民信仰宗教或者不信仰宗教。不得歧视信仰宗教的公民和不信仰宗教的公民。

国家维护正常的宗教活动。任何人不得利用宗教进行破坏社会秩序、损害公民身体健康、妨碍国家教育制度的活动。宗教团体和宗教事务不受外国势力支配。

第三十七条 中华人民共和国公民的人身自由不受侵犯。

任何公民，非经人民检察院批准或者决定或者人民法院决定，并由公安机关执行，不受逮捕。

禁止非法拘禁和以其他方法剥夺或限制公民的人身自

由，禁止非法搜查公民的身体。

第三十八条　中华人民共和国公民的人格尊严不受侵犯。禁止用任何方法对公民进行侮辱、诽谤和诬告陷害。

第三十九条　中华人民共和国公民的住宅不受侵犯。禁止非法搜查或者非法侵入公民的住宅。

第四十条　中华人民共和国公民的通信自由和通信秘密

受法律的保护。除因国家安全或追查刑事犯罪的需要，由公安机关或检察机关依照法律规定的程序对通信进行检查外，任何组织或者个人不得以任何理由侵犯公民的通信自由和通信秘密。

第四十一条　中华人民共和国公民对于任何国家机关和国家工作人员，有提出批评和建议的权利，对于任何国家机关和国家工作人员的违法失职行为，可向有关国家机关提出申诉、控告或者检举的权利，但是不得捏造或者歪曲事实进行诬告陷害。

对于公民的申诉、控告或者检举，有关国家机关必须查清事实，负责处理。任何人不得压制和打击报复。

由于国家机关和国家工作人员侵犯公民权利而受到损

失的人，有依照法律规定取得赔偿的权利。

　　第四十二条　中华人民共和国公民有劳动的权利和义务。

　　国家通过各种途径，创造劳动就业条件，加强劳动保护，改善劳动条件，并在发展生产的基础上，提高劳动报酬和福利待遇。

　　劳动是一切有劳动能力的公民的光荣职责。国营企业和城乡集体经济组织的劳动者都应当以国家主人翁的态度对待自己的劳动。国家提倡社会主义劳动竞赛，奖励劳动模范和先进工作者。国家提倡公民从事义务劳动。

　　国家对就业前的公民进行必要的劳动就业训练。

　　第四十三条　中华人民共和国劳动者有休息的权利。

　　国家发展劳动者休息和休养的设施，规定职工的工作时间和休假制度。

　　第四十四条　国家依照法律规定实行企业事业组织的职工和国家机关工作人员的退休制度。退休人员的生活受到国家和社会保障。

　　第四十五条　中华人民共和国公民在年老、疾病或者丧失劳动能力的情况下，有从国家和社会获得物质帮助的权利。国家发展为公民享受这些权利所需要的社会保险、社会救济和医疗卫生事业。

国家和社会保障残废军人的生活，抚恤烈士家属，优待军人家属。

国家和社会帮助安排盲、聋、哑和其他有残疾的公民的劳动、生活和教育。

第四十六条 中华人民共和国公民享有受教育的权利和义务。

国家培养青年、少年、儿童在品德、智力、体质等方面全面发展。

第四十七条 中华人民共和国公民有进行科学研究、文学艺术创作和其他文化活动的自由。国家对于从事教育、科学、技术、文学、艺术和其他文化事业的公民的有益于人民的创造性工作，给以鼓励和帮助。

第四十八条 中华人民共和国妇女在政治的、经济的、文化的、社会的和家庭的生活等各方面享有同男子平等的权利。

国家保护妇女的权利和利益，实行男女同工同酬，培养和选拔妇女干部。

第四十九条 婚姻、家庭、母亲和儿童受国家的保护。

夫妻双方有实行计划生育的义务。

父母有抚养教育未成年子女的义务，成年子女有赡养扶助父母的义务。

禁止破坏婚姻自由，禁止虐待老人、妇女和儿童。

第五十条 中华人民共和国保护华侨的正当的权利和利益。保护归侨和侨眷的合法的权利和利益。

第五十一条 中华人民共和国公民在行使自由和权利的时候，不得损害国家的、社会的、集体的利益和其他公民合法的自由和权利。

第五十二条 中华人民共和国公民有维护国家的统一和全国各民族团结的义务。

第五十三条 中华人民共和国公民必须遵守宪法和法律，保守国家秘密，爱护公共财产，遵守劳动纪律，遵守公共秩序，尊重社会公德。

第五十四条 中华人民共和国公民有维护祖国的安全、荣誉和利益的义务，不得有危害祖国的安全、荣誉和利益的行为。

第五十五条 保卫祖国、抵抗侵略是中华人民共和国每一个公民的神圣职责。

依照法律服兵役和参加民兵组织是中华人民共和国公民的光荣义务。

第五十六条 中华人民共和国公民有依照法律纳税的义务。

遵守道德规范
做新世纪主人

随着生产力的发展，社会的物质财富越来越丰厚，社会高度的物质文明使我们的生活丰富多彩。但是，这对青少年的成长还是不够的，一个将在下世纪有所作为的新型中国公民必定是在精神文明中成长起来的。今天，加强精神文明建设对于成长中的公民显得尤为重要。然而，我们应该从哪些方面开展精神文明建设呢？重要的是我们应该自觉地遵守社会的道德准则和道德规范，下面我们简明地谈谈——

培养共产主义道德品质

培养共产主义道德品质，对于成长中的公民们十分重要。没有共产主义的道德品质，我们就不可能肩负起建设有中国特色的社会主义现代化的伟大事业，我们党开创的革命事业就不能继往开来。因此，社会主义精神文明建设集中在我们的共产主义品质的培养之中。

共产主义的道德品质是共产主义的道德原则在人们的思想和行为中的具体体现。在无产阶级革命的不同历史时期，共产主义道德有不同的内容。在革命胜利前，主要指坚定的立场、不怕牺牲的革命英雄主义精神、艰苦奋斗的革命精神等等。革命胜利后，除了继续保持上述品质外，还应从社会主义建设出发，增加新内容，如爱祖国、爱人民、爱劳动、爱科学、爱社会主义、积极参加社会主义建设，遵守国家政策法令，讲究文明礼貌和职业道德，见义勇为，正确处理国家利益、集体利益和个人利益三者之间的关系等等。随着社会主义现代化建设事业的发展和市场经济体制的建立，共产主义道德品质还会不断增加新的内容，如增强人们的自立意识、竞争意识，效率意识、民主法制意识和开拓进取意识。虽然如此，共产主义道德品质的核心和实质则是一贯的，即忠于共产主义事业，全心全意为人民服务。

在新的形势下，成长中的公民们要进一步培养共产主义品质，把永远为人民服务作为自己道德建设的核心。因为只有它才能体现社会主义制度的基本要求，维护与促进社会主义经济的发展。只要社会主义基本制度不变，为人民服务这个核心就不会改变，也不应当改变。在社会主义市场经济建设过程中，全心全意为人民服务更显出一个人的共产主义品质。只有这样，我们才能战胜市场经济趋利性所诱发的拜金主义、享乐主义、个人主义等等，发扬社会主义道德风尚，促进社会主义精神文明建设。

遵守社会公德

社会公德是人们在长期的社会公共生活中形成的、必须共同遵守的行为规范和准则的总和。

社会公德的主要特点是：共同性，即是全体社会成员都应遵守的公共生活准则；群众性，即有广泛的群众基础，对全体社会成员都是必要的；继承性，即是人类在长期社会生活中逐渐形成并积累下来的；简易性，即作为共同生活准则，执行起来并不复杂。

社会公德的主要内容是维护公共秩序，遵守公共纪律，爱护公共卫生，尊老爱幼，尊师爱友，礼貌待人，团结友爱，互相帮助，扶危济困，见义勇为，拾金不昧，爱护公物，从大局出发等等。

我国宪法把遵守社会公德作为公民的义务，以法律形式固定下来。1982年通过的《中华人民共和国宪法》规定"国家提倡爱祖国、爱人民、爱劳动、爱科学、爱社会主义的公德"。"五爱"是我国公民公德的基本要求，它既是道德评价的标准，也是全体公民必须遵守的道德行为规范。

维护集体利益

集体主义是共产主义道德的基本原则之一。它是以一切行为与言论符合广大人民群众集体利益为最高标准的思想，是无产阶级思想体系的组成部分，它是与资产阶级的个人主义完全对立的。

集体主义的主要内容是，从广大人民群众的根本利益出发，坚持集体利益高于个人利益；在保证集体利益的前提下，将集体利益和个人利益有机地结合起来；当两者发生矛盾时，个人利益要服从集体利益。

集体主义是在无产阶级革命斗争中逐步产生和形成的，

集中体现了无产阶级大公无私的优秀品质和为人类解放而艰苦奋斗、不怕牺牲的精神，是无产阶级世界观的一个重要内容。在今天，人们的自立意识、竞争意识、效率意识不断增强，但绝不意味着要以个人利益为第一。相反，越是改革开放，越是搞社会主义市场经济，越要强调集体主义思想，越要维护集体利益。如果不断受物欲横流的西方拜金主义、享乐主义、个人主义的影响，让个人主义取代集体主义，势必败坏社会主义的道德风尚，损坏社会主义的经济基础，使社会主义精神文明偏离方向。

发扬革命传统

我们发扬革命传统就是要发扬中国共产党领导人民群众在革命和建设的实践中所形成的革命精神、优良作风和高尚品德。其主要内容有：坚持群众路线，密切联系群众，全心全意为人民服务；实事求是，一切从实际出发，理论联系实际；自力更生，独立自主，艰苦奋斗的创业精神；勤劳勇敢，不怕困难，勇挑重担，争取胜利的优良品德；谦虚谨慎，戒骄戒躁，勇于改正错误、坚持真理的革命品格；积极开展批评与自我批评，形成团结、紧张、严肃、活泼的作风；继承和发扬祖国利益高于一切的爱国主义精神，发扬为共产主义事业和人类进步事业而献身的精神。

遵守职业道德

职业道德是从事一定职业的人员，在其职业活动中必须遵守的道德原则和规范。职业道德是人类道德生活中的一个特殊领域，现代青年的道德生活无不与一定的职业活动联系起来。因此，职业道德是人的道德品质的重要组成部分。它是一般社会道德和一定的阶级道德在职业活动中的具体表现，是在社会分工的过程中产生和发展起来的。它通常以工作守则、规章制度、劳动规程、服务公约等形式表现出来。

在职业道德的规范下，它调整着从业人员和服务对象，以及职业集团内部人与人之间的关系。职业道德适用于特定职业从业人员的职业活动，其内容具有显著的特定的职业特征。从事不同职业的人，对社会所承担的职责不同，有着不同的权利和义务，职业道德也就有不同。例如工人道德、农民道德、教师道德、军人道德、医务道德、学生道德、新闻记者道德、商业道德、创作道德、演员道德、体育道德、司法道德、公务员道德等，都各有其不同的具体内容。医务道德中的救死扶伤，司法道德中的秉公执法，教师道德中的诲人不倦，服务行业的顾客至上、质量第一等等都是职业道德在不同行业中的具体反映。职业道德是一般道德原则的具体体现，也是一般道德规范的重要补充。在社会主义社会，贯穿于各种职业道德的一般原则是：忠于职守，努力工作，对专业技术精益求精，团结协作，平等竞争，全心全意为人民服务。

忠于职守　这一原则要求人们热爱本职工作，有强烈的职业责任感、事业心，对工作极端地负责任，并且敢于坚持本职工作中各项正确的原则和政策，秉公办事，不徇私情。那种见异思迁、玩忽职守，以权谋私、破坏纪律的态度和行为是不道德的。

努力工作　这一原则要求人们在本职工作中充分发挥自己的积极性、主动性、创造性，贡献自己的聪明才智，坚决按照应有的数量、质量指标和技术要求，完成和超额完成任务。在工作中要勤勤恳恳、踏踏实实、任劳任怨、不怕困难、敢挑重担。那种偷懒耍滑、偷工减料，对工作马虎草率、敷衍搪塞的态度和行为，是极不道德的。

对专业技术精益求精　这一原则要求人们努力学习科学文化知识，不断提高思想、业务水平和解决问题的能力，努力攀登本专业的科学技术高峰。那种不看书，不看报，做一天和尚撞一天钟，不思进取，专业技能低下的人，在现代社会不能被认为是有道德的。

团结协作，平等竞争　这一原则要求人们在工作中应具有协作精神，保持良好的合作态度，乐于、善于与他人合作，互相帮助，互相勉励，共同完成工作任务。在合作的同时，要敢于开展公平竞争，勇于争先，互相激励，共同提高。那些互相排挤、嫉能妒贤、投机取巧、阿谀逢迎的态度和行为是不道德的。

全心全意为人民服务　这是社会主义职业道德的根本原则，也是区别于其他社会职业道德的根本标志。这一原则要求人们有正确的工作动机，不要把工作仅仅视为谋生的手段和获取个人名利的途径，而应该认识到，任何工作都是社会主义现代化建设事业的组成部分，是为人民服务的具体表现。因此，对自己的服务对象要主动、热情、耐心、周到，要乐于接受群众监督，听取群众意见，改正工作中的缺点。那种一切为了个人名利，居功自傲，文过饰非，对人民群众的呼声熟视无睹、充耳不闻的态度和行为是不道德的。

培养文明行为

文明行为是指以共产主义道德原则和规范为指导的道德行为，是精神文明的重要内容。它要求人们讲究礼貌，遵守公共秩序和纪律，举止端庄，温让谦逊，仪表整洁，讲究卫生，等等。培养文明行为，青少年应从切身的小事做起。譬如爱护公物，爱护国旗，唱国歌要起立；在社会上对人要礼让谦虚，帮助老人和残疾人，保护比自己幼小的孩童；遵守社会秩序，购物排队，不随地吐痰，不乱抛废物，拾到他人遗失的物品一定要设法归还；在公共场所不袒身露体，不说污言秽语等等。一个人从小养成这些良好的习惯，成年后必然容易理解并接受社会主义精神文明的更高要求，也容易理解建设有中国特色社会主义的共同理想及其理论。

社会主义条件下的文明行为是人与人之间同志式的友好诚挚感情的流露，是社会主义一代新人精神文明的表现。我们提倡文明行为，不论在什么场合都要把外表文明与内心文明统一起来，通过外表美来表现心灵美。培养文明行为要求人们必须思想纯洁，情操高尚，加强自我修养，养成文明习惯，使自己的行为符合共产主义道德规范的要求。这对于形成良好的社会风气是十分重要的。

待人接物的基本要求

一个人的道德修养往往反映在待人接物的礼貌上，因而青少年朋友们应从小养成懂礼貌、讲文明的习惯。下面是青少年待人接物的一些基本要求：

（一）尊敬长辈，见面问好；主动打招呼，不直呼姓名。

……同样，在各种人际交往的活动中，称呼得当，可使人感到亲切。我国普遍使用"同志"称呼，不论年龄、性别、职业、地位均可称，"同志"，但此称呼虽有礼，却稍显严肃，有时不妨改为"先生"、"小姐"或直接以职业或职称名称来称呼，如教师、医生可称为"×老师""×医生"，教授、工程师，则称为"×教授""×工程师"等。

（二）待人礼貌，说话文明，会用礼貌用语，如"您""请""对不起""再见"等；要讲普通话。

在正常的人际交往和社交中，交谈是必不可少而且是十分重要的。同样一种意思，话有三说，语言有美丑、文野之分。恭敬有礼的话语温暖人心，能提高语言的交际效能，美化人的生活；恶语伤人，语言粗野，强词夺理不仅伤人的心，而且会败坏社会风气，使人与人之间变得冷淡、刻薄起来。与人交谈中的礼节礼貌要注意哪些呢？

谈话时态度要诚恳、自然、大方、平等待人。语言和气亲切、表达得体。说话时站立端正，要做到站有站相，坐有坐相，双方要互相正视，互相倾听，精力要集中，不能东张西望或兼做其他事情。也不要做一些不必要的小动作，如玩弄指甲、摆弄衣角、搔痒、抓头皮等，也不能抓耳挠腮，摇头晃脑，或满不在乎。这样做不仅失礼也使自身显得猥琐。谈话中打哈欠、伸懒腰或不等人说完视线和注意力就转向他方也是不礼貌的。

要注意听取对方谈话，以耐心鼓励的目光让对方说完，自己不时应以"噢……唔……是吗……"等语陪衬。对方在讲话时，不要轻易打断或插话，不管对方态度或谈话内容，中间插话打断、抢过话头等都是不礼貌的。插话如果违背了对方原意或插得不着边际则明显表示出对人不尊重甚至揶揄的味道。如果因为未听明白或为了了解情况而必须插话，应先征得对方同意，如用这样的方式："请等一等，让我插一句"，"请允许我打断一下"，"请让我提个问题好吗?"这样可以避免对方感到你轻视他或不耐烦之类的误解。话听不明白就下结论，在违背对方原意的情况就发表你的意见是粗鲁无礼的，常常会引起争执而导致不欢而散。

对长辈、师长、上级说话，要分别注意以相宜的礼貌表示尊重，但要人格平等；对晚辈、同学则要注意平等待人和平易近人。男女之间谈话要注意文雅，对不熟的异性不能开玩笑。公共场合言谈举止要文明，说话要礼让，幽默不可过度，否则让人感到油腔滑调，也不应旁若无人地高谈阔论，大声说笑。让人产生"这是个油嘴滑舌的家伙"的印象。

谈话时不可以手指指人，可以做小手势但不可以幅度过大，指手划脚也是失礼的。大惊小怪，过分紧张，失口失态都是不礼貌的。谈话绝不可以刻薄尖酸，也不可以喋喋不休地没完没了；不可以一言不发，也不可以表示出无事不知，无事不晓的"万事通"的姿态。这都会使人对你避而远之。

总之。与人交谈要热情大方，彬彬有礼，语言明快、清楚，不要东拉西扯，没完没了，使人不得要领。诚实而不虚假，自信而不骄横。

（三）在公共场合要注意自身形象。如打呵欠要掩着嘴，尽量避免别人觉察；揩鼻涕要轻声；咳嗽和打喷嚏应用手帕或纸巾捂住嘴，而且要尽量将头扭开；不要抠鼻子、挖耳朵，不要咬（剪）指甲；不要当众搔痒，舔手指翻书、数钱；不要把手指关节压得"咯咯"作响；不要挤眉弄眼；在严肃庄重的场合，不要东张西望，神不守舍，更不能萎靡不振。

（四）尊重他人隐私。拜访他人房间或家里时，要先敲门或打招呼，未经允许不要入内；不打扰别人工作、学习和休息。

（五）尊重与体贴父母，培养独立自主的能力。孝敬父

母、关心父母健康，主动帮助父母做力所能及的事，以减轻父母的负担；听从父母教诲，外出或回家要打招呼，必要时要写留言条；在生活上要学会自立、自强，自己的事情自己料理，不给父母或其他人添麻烦。

（六）尊老爱幼，互相帮助，勇于进行批评与自我批评。如乘车、船时，主动给老弱病残让座，帮助有困难的人和残疾人。男同学要主动礼让女同学，在外出参观、旅游时要帮助女同学。和同学及其他人发生矛盾时，要冷静，不急不躁，克制自己的情绪，并及时寻找产生矛盾的原因。如果自己有缺点、错误，要多作自我批评，并认真改正；如果对方有缺点、错误，要以善意批评，讲究方式方法，从团结的立场出发，通过批评来达到团结的目的。

人活在世上要与各种各样的人频繁接触，难免会出现得罪人的现象。在这种情况下，诚心而适当的道歉不但可以弥补破裂的关系，而且还能促进彼此心理上的沟通，所以道歉也是很重要的礼貌，甚至是一门艺术。

（七）诚实，守信，敢于与不良行为作斗争。青少年要养成遵守信义的习惯、诚实，不说谎，做到言必信，行必果。对不良行为要敢于批评，大胆制止，敢于主持正义和公道，维护社会公德，在为人处世中显示出新一代青少年的精神风貌。

争当"四有"人才

"四有"人才是社会主义现代化建设新时期，党和政府关于培养社会主义事业接班人和建设者的目标。

"四有"是"有理想、有道德、有文化、有纪律"的简称。培养"四有"人才是在新的历史条件下，党的教育方针的发展和具体化。当代世界竞争激烈，而世界各国的竞争是综合国力的竞争，而综合国力的强弱，则决定于人才的培养。因此，国际竞争归根结底是人才的竞争。有了高素质的人才，就掌握了竞争的主动权。我们党和政府提出的关于培养"四有"人才的战略，是关系现代化建设前途和命运的重大决策。作为跨世纪的一代新人，应该朝着"四有"的方向努力和发展，为把我国建成富强、文明、民主的社会主义现代化强国而奋斗。

互相尊重，平等相待

我们生活在社会大家庭中，每个人都渴望在人际交往中彼此互相尊重，平等相待。这也是处理人与人之间关系时最基本的原则。无论你是杰出还是平凡，是富足还是贫穷，是聪敏还是愚钝，是漂亮还是丑陋，每个人在人格上和社会地位上都是平等的，都应该受到尊重。尊重他人的人格和劳动，这是做人的美德，也是自身文化教养程度的体现。尊重他人就是在社会上与人交往时，首先要尊重他人的人格，不要自以为是，骄傲自大，看不起人，更不能凭借自己的某些特权和社会优势故意为难他人。尊重他人还包括尊重他人为社会所进行的劳动，尊重他人的感情、愿望、习惯和爱好，要礼貌待人，不能动辄辱骂、歧视他人。

互相尊重，平等待人，重要的体现之一是能否做到男女平等。我国宪法、婚姻法、妇女权益保障法等法律对妇女享有与男子平等的政治权利、文化教育权利、劳动权利、财产权利、人身权利、婚姻家庭权利等作了具体的解释。侵害妇女合法权益，歧视、虐待、残害妇女的行为将受到行政处分和法律制裁。国家推行男女平等的法律原则，也提倡尊重妇女的社会公德。尊重妇女包括尊重妇女的人格、劳动、感情及社会生活和家庭生活中应该享有的权利和利益。在社会生活中主动帮助妇女，在公共场合为女士让座、让女士先行等，都体现了对妇女的尊重。

互相尊重，平等相待，还反映在能与周围的人们友善相处。团结友爱是青少年朋友相处时应具有的优良品德。团结是搞好一切工作的前提，没有做到这点，一个班、一个中队就难以有良好的纪律和秩序，就不会形成良好的班风，也不利于每个人的成长。团结是重要的，它必须以同学们的相互友爱、相互尊重，平等相待为基础。在日常学习、生活中互相关心、互相爱护、互相帮助，不打架、不骂人，文明有礼。

诚实待人，言而有信

诚实待人，言而有信，是中华民族的传统美德，也是人际交往时应遵循的重要准则。它表现为为人诚挚，信守诺言。诚实守信的具体内容就是要说老实话、办老实事，做老实人。

"诚""信"是中国古代的基本道德规范。今天，诚实守信作为公民的基本道德规范有着新的内涵，主要表现为在政治生活中，忠于祖国，忠于人民，忠于社会主义事业；在经济生活中，公平交易，遵守合同，反对假冒欺诈；在日常工作中，实事求是，言行一致，反对欺骗；在人与人的交往中，开诚布公，以诚相待，反对虚伪。

青少年在相处时都会发现，诚实守信的人，会倍受别人的信任，自己也会在这种信任中体验到做人的尊严和内心的快乐；反之，待人不诚，言而无信，则会被人唾弃、疏远。由此可见老实人归根到底是不会吃亏的，而不老实的人则终究要自食其果。

诚实守信能增添一个人的人格魅力，也会使社会变得更加美好。

尊师敬老爱幼，助残恤孤

尊师敬老爱幼，助残恤孤，这是社会公德的重要内容，也是中华民族的传统美德。

教师是人类知识的播种者，是人类灵魂的工程师。教师的劳动是和青少年成长、社会的进步、人类文明紧密联系在一起的。他们对学生，对整个教育事业倾注了全部的心血，就像一支蜡烛，燃烧自己，照亮别人。教者父母心，他们用自己全部的爱编织了一个个孩子的未来。因此，整个社会都应该尊重教师的劳动，维护教师的权益。这也是我国《教师法》所规定的。当然，我们所提倡尊师，是在师生关系平等下的尊师。教师要想获得学生和社会的尊重，也必须尊重学生的人格，敬业爱生。

敬重长者，首先要敬重自己的父母。父母不仅赋予了我们生命，而且养育我们长大。父母花费在我们身上的心血和感情是无法计数的。父母对儿女的爱，是人间最无私、最高尚的情感之一。因此，尊重父母、体贴父母，是每个人应尽的最基本的道德责任。敬重长者，不仅要敬重父母，而且还要尊重所有的长辈和老人。这不仅是良好修养、文明行为的表现，而且也是对知识和经验的尊重。老人为社会的发展劳作了大半生、贡献了大半生，在漫长的人生岁月里，他们创造与积累了丰富的知识和人生经验，但进入晚年后，由于身体衰弱下来，生活又诸多不便。作为晚辈，尊重他们理所应当。

一个有道德的人，不仅会敬重长者，也会爱护幼者。少年儿童是祖国的未来，他们正处在成长的娇嫩时期，特

别需要别人的关心和爱护。爱护幼者，是每一个成年人应尽的道德责任。

我国宪法规定"父母有抚养教育未成年子女的义务，成年子女有赡养扶助父母的义务"，"禁止虐待老人、妇女和儿童"。尊老的基本要求是：（1）在家里对老人不仅要从物质生活上给予赡养和照顾，还要在精神上、生活上给老人以体贴和安慰，不许嫌弃老人、虐待老人，要依照法律义务和道德责任保护老人的合法权益。对于父母的敬重，我们要从小事做起，尊重父母的意见，理解父母的感情和需要，帮助父母分担家务、排忧解难。（2）在社会上积极倡导敬老、尊老、助老的道德风尚，热心为老人办好事办实事。（3）在公共场所尽量为老人提供方便，帮助老人搬重物、上下车、过马路等。爱幼的基本要求是：（1）在家庭中父母对子女要承担起抚养和教育的责任，既要从生活上关心照顾子女，又要注意用远大理想、高尚的道德和先进的科学文化知识教育子女；（2）在社会上要热心儿童、少年社会福利事业，关心、爱护和帮助儿童、少年健康成长，反对迫害、摧残、遗弃儿童的行为；（3）优生、优养、优育。

助残恤孤同样是每个健全人的道德责任和法律义务。残疾人，孤儿、孤寡老人，他们在生活上有许多困难和不便，精神上有许多难以愈合的创伤，特别需要全社会的关心和照顾。我们特别应该尊重他们的人格，绝不能嘲笑、歧视、挖苦、捉弄他们，更不能恶作剧，增加他们的痛苦。让我们献出一片爱心，使人间处处变得美好。

遵守公共秩序，创造文明环境

公共秩序是指人们在共同的社会生活中必须遵守的行为规范，包括社会秩序，生产秩序、工作秩序、教学科研秩序和人民群众生活秩序等。"遵守公共秩序"既是宪法规定的公民基本义务，又是最基本的社会公德。它要求公民在车站、码头、民用航空站、商场、公园、影剧院、体育场馆等所有公共场所，必须遵守该活动场所的规章制度。

公共秩序是维护人们正常生活的基本条件，是社会生活保持稳定的不可缺少因素，也是人们文明行为的基本准则。社会秩序的好坏，由社会成员的行为决定，反过来又直接影响每个社会成员的自身利益。因此每个社会成员都应把遵守和维护公共秩序看作是自己的道德责任。遵守公共秩序的要求是多方面的。凡在公共场所总有成文或不成文的规范要求，这就是公共生活纪律，如"课堂守则""交通规则"等。不成文的规范要求，是指没有明文规定的、在长期的公共生活中为人们所共同接受的行为习惯，如在食堂买饭不拥挤、不插队；乘车时不抢上抢下；在影剧院不大声喧哗、不起哄、不喝倒彩；在阅览室不高谈阔论等。

我们全体社会成员自觉遵守和维护公共秩序，既有利于形成和谐文明的社会环境，也体现了一个社会、一个国家的文明程度，以下是遵守公共秩序的一些具体要求：

一、做一个文明的乘客。我们乘公共汽车、火车、轮船和飞机时，应主动配合乘务人员遵守车船和飞机上的秩序，自觉维护社会公德。（1）自觉排队购票，不插队，不走后门。（2）不强行挤车和爬窗户上车（船）。（3）主动为老弱病残、孕妇和抱小孩者让座。（4）不带危险、易燃易爆物品上车（船、机）。（5）保持车厢（船舱、机舱）整洁，不随地吐痰，不乱扔果皮纸屑。

二、做一个文明观众。在体育场馆、影剧院等公共场所要自觉地遵纪守法，讲究文明礼貌，待人热情友好，尊重演员、运动员、裁判员、服务人员的劳动。（1）尽量提前和准时入场，在入口处主动出示票证请工作人员检验。（2）进场后对号入座。（3）服饰整洁、卫生、得体，夏天不得穿背心、短裤、拖鞋进场。（4）进出场时，不要拥挤，遇到老弱病残应主动礼让。（5）演出或比赛时，不抽烟，不吃响声食物；不大声喧哗，切忌起哄、吹口哨、怪声尖叫、鼓倒掌。（6）对演员的精彩表演应鼓掌致谢，观看体育比赛时要为双方鼓掌加油；不嘲讽、辱骂裁判员、运动员、演员，不做有损国格、人格之事。（7）要等演出和比赛完毕再离场。

三、商场购物态度要谦和。到商场购物，态度要谦和，说话要有礼貌，选择商品应事先考虑好，以免耽误后面顾客购物。

六、讲卫生，不随地吐痰。卫生是文明的标志。作为现代社会公民，应注意个人卫生和公共卫生，养成良好的卫生习惯，如适时理发，每天洗脸刷牙，常修剪指甲，头皮屑及时清洗，衣着经常保持整洁；在他人面前不要掏鼻孔，搓泥垢，揩眼屎，打哈欠，剔牙齿，挖耳朵等；在公共场所不要乱扔果皮纸屑，不随地吐痰，不当众搔痒；不在别人面前咳嗽、打哈欠等。随地吐痰是一种不良习惯，它不仅弄脏地面，还会污染环境，传染疾病，损害人们的身体健康。随地吐痰同时也是一种缺乏教养的行为。如果需要吐痰，正确的办法是，把痰吐入卫生巾或盂里，或者到附近的厕所吐后用水冲洗干净。

七、不在公共场所吸烟，"吸烟危害健康"。在公共场所吸烟，不是个人行为，而是公众行为。作为一个文明公民，在公共场所吸烟应注意：（1）首先要有礼貌地征询旁人的意见，"对不起，我可以吸烟吗?"得到许可才可以吸；（2）在有"禁止吸烟"标志的场所，一定不要吸烟；（3）不能随意乱扔烟蒂；（4）少年儿童绝对禁止吸烟。

八、游览观光注意事项。在游览场所，要自觉遵守社会公德和规章制度。（1）爱护自然环境，爱护游览场所的公共设施、名胜古迹和花草树木。（2）保护游览场所的安静，不大声喧哗，不嬉笑打闹。（3）注意维护游览场所的环境卫生，不随地吐痰、便溺，不乱扔纸屑果皮等杂物。如营业员在拿商品或找零钱时出了差错，应当面指出，并谅解对方。对营业员的优质服务应表示谢意。

四、图书馆里讲文明。在公共图书馆要遵守秩序，讲究文明。（1）要按序排队，依次进入，不能插队，不能抢占座位。（2）要自觉保持环境的安静与卫生。走动时，脚步要轻，不高声谈话，不吃带壳皮的食物。（3）要爱护图书和其他公物，不在图书或阅览桌上乱涂乱画；图书阅毕应放回原处。（4）衣着要整洁，不能穿背心、汗衫或拖鞋入内。

五、打电话应注意的事项。（1）选择适当的通话时间，不要打扰别人休息和工作，非打不可，应向对方表示歉意。与国外通话要注意时差和生活习惯。（2）查清受话方的电话号码，正确拨号、万一打错了应向对方表示歉意，然后挂掉重拨；接通后应先问好，并说明要找谁和自己是谁。如接电话不是要找的人，可请他传呼，并向对方表示谢意。（3）电话铃响后应尽快接听，而不要有意延误，提起话筒后应注意和对方讲话，不要拿着话筒和周围的人说笑，把发话人晾在一旁。（4）当得知自己不是对方要找的人时，应及时帮助对方传呼受话人，不要不礼貌地一再盘问对方；如果要找的人不在，应问清楚对方的姓名和电话号码，并把需要转告的内容记录下来，及时转告受话人。（5）接到打错的电话，首先要仔细倾听对方要找什么人，然后问清对方拨的是什么电话号码，不可冲着话筒吼叫，或者把听筒猛然挂断。（6）使用公用电话，如打电话的人较多，应自觉排队。自己的电话一时拨不通，应让给别人先打。（7）打电话要尽量节省时间，通话内容要简明扼要，不要东拉西扯，切忌在电话里聊天。（8）爱护公用电话设施，自觉交费。

助人为乐，奉献爱心

我们生活的这个世界需要欢乐需要爱，助人为乐、奉献爱心就是为了给世界增添更多的欢乐与关爱。

帮助别人克服困难是一件快乐的事情。每一个人在自己的生活、工作、学习以及其他活动中，不可能一帆风顺，都不可避免地会遇到这样那样的困难、问题和坎坷，这就需要别人的帮助。当我们能够帮助别人克服困难并取得成功时，就会分享到胜利的喜悦和快乐。如果一个人时时刻刻都能注意帮助别人，并把这作为自己的自觉行动，那他一定能够充分体验人生的乐趣。同时，还应该看到，我们生活的世界，是一个谁也不能离开谁的社会，经济、政治、思想文化和社会关系把人们连结在一起。在这种条件下，别人需要你的帮助，你也需要别人的帮助。只有互相帮助，才能形成一个和谐、互助、团结、理解、互敬互爱的生活氛围，身处其中的人们才能心情舒畅，幸福、快乐。

作为跨世纪的一代，我们应富有更多的同情心。同情心表现为设身处地替别人着想，善于理解别人的难处，善于关心别人而非苛求别人，对别人的行为，包括一些特殊的习性、脾气能够容忍。是否富有同情心，体现了一个人的思想境界；作为一个公民，既需要别人的同情心，也需要对别人富有同情心。

现在，我们正在开展一个跨世纪的"中国少年雏鹰行动"。这个"雏鹰行动"重要的内容就是"手拉手"活动，"手拉手"互助活动是城市和乡村、富裕发达地区和贫困边远地区、健康和有残疾的以及各个民族的少年儿童之间互相通信往来，互助互学，奉献爱心，共受教益的一项实践活动。这项活动致力于在青少年中培养同情心、爱心，培养互助精神。它得到江泽民总书记、李鹏总理的充分肯定。江总书记指出："'手拉手'体现了一种互相关心、助人为乐的社会主义精神，是一种共同进步、共同发展的集体主义精神。"

　　成长中的青少年应该积极参与这项社会实践活动，开阔眼界，了解国情，了解民情，它不仅培养了青少年关心他人、团结互助的精神，增强其集体主义观念，同时也使他们深切体会到社会主义的优越性和祖国大家庭的温暖，使这种朴素的情感向新人际关系的内涵深化。这种互助活动弘扬了社会新风，造就了成长中的青少年的优良品质，使他们更具有责任感、包容性与奉献精神，为社会主义精神文明建设注入了新的内涵。

明确人生观念
矢志奋斗成才

胸怀祖国，放眼世界

世界观是人们对世界的基本看法，不同的人有不同的世界观。人类认识世界和改造世界的历史证明，只有辩证唯物主义的世界观才是科学的世界观。用这种世界观去观察人类社会，就是历史唯物主义，即唯物史观。

从天真稚童到翩翩少年，我们尚不可能深入认识世界，也不可能懂得用辩证唯物主义去观察人类社会。只是"成人"时，人的生理和思想都来了一个飞跃。理想要求我们胸怀祖国，放眼世界。而这里，我们必须树立起正确的世界观。要这样，我们在打开心灵的窗户，让思想飞翔的时刻，必须努力学习和认真掌握辩证唯物主义和历史唯物主义的立场、观点、方法，去改造主观世界和客观世界，认

识和坚信人类社会发展的必然规律，牢牢树立为共产主义
事业而奋斗的远大理想和坚定信念，坚信马列主义毛泽东
思想。在今天，更重要的是要确立为实现有中国特色的社
会主义事业而奋斗的决心和信心，并坚决地投身到实践
中去。

树立正确的世界观，是我们成长为一个优秀公民的基
本保证。所以我们在促使自己成长的同时还必须投身到祖
国的事业和人类文明的进步中去。我们不但只关注自己的
前途命运，还应关注祖国和人类的前途及命运。有了正确
的世界观，你肯定能脚踏实地地为中华的崛起而读书而献
身，为人类的进步事业贡献力量。否则，你会随着年龄的
增大萎缩自己的思想，使自己胸无大志，一事当前先替自
己打算，日益变得自私自利，心胸狭隘，终将一事无成。

要成大器，就需要形成正确的世界观。

没有理想，生命就会黯淡无光

在人生的道路上，每个人都有自己的志向、追求和奋
斗目标，这就是人生的理想。理想是人生的航标，也是人

生的精神支柱和前进的动力。崇高的理想，可以激发人的才智，唤起人们奋发向上。古今中外，凡是有作为、对社会进步有贡献的人，无不注重竖立人生的志向、崇高理想和远大目标。如果一个人没有远大的理想，就会在人生征途上迷失方向，失去内在的前进动力，青春就会枯萎、衰退，生命就会黯淡无光。

大凡伟人、英雄豪杰都有伟大的理想。诸葛亮以"志当存高远"这一名言而流芳百世。马克思、恩格斯创立共产主义学说，为指导无产阶级挣脱锁链、翻身解放而奋斗终生。毛泽东从小就怀有远大的抱负，在青少年时代就立志救国救民，这道出了一个共产党员的人生观。

在众多的英雄模范中，有一位平凡而又伟大的战士，这就是妇孺皆知、家喻户晓的雷锋。正如毛泽东所说的一样：一个人做点好事并不难，难的是一辈子做好事。雷锋就是这样，人到哪里，就把好事做到哪里，以实际行动实践。"把有限的生命投入到无限的为人民服务之中去"的诺言。为人民服务，就是一个战士高尚的人生观。

深圳有位老大妈，一生都在做好事，她把自己所有的积蓄都捐献给贫穷困苦的人们，当她最后病倒在医院的时候，身上竟无分文。这令大家感动不已。当记者采访她时，她微笑着说："我要像雷锋一样，终生为人民服务。"这就是一个普通老百姓的人生观。

"终生为人民服务"，这是多么闪光的人生啊，这里摒除了自私自利，树立了一个个至新至真、至善至美的公民形象。我们应该像他们那样活着才有意义。

的确，人生在世，"为什么而活""为谁服务"的问题，从来就是人生观的根本问题。意识形态斗争的一个重要方面，也可以说是根本方面，就表现为两种不同的人生观的分歧和对立。这也就是说，在"人为什么活着""为谁服务"这个根本问题上，仍然存在着分歧和对立。有人"今日有酒今日醉""醉生梦死"，甚至鼓吹"人不为己天诛地灭"，这是多么可悲的人生观。我们认为，只是为自己、为少数人而活着，意义是有限的；而"人人为我，我为人人""毫不利己、专门利人""终生为人民服务"的人生观反映的是为祖国、为社会、为集体、为广大人民利益而努力服务，积极贡献自己的聪明才智的人生，这样的人生才是闪光寻求改造中国与改造世界的真理，始终如一地以共产主义理想为自己的奋斗目标，为中国的革命和社会主义建设事业树立了丰功伟绩。

人只有有了崇高的理想，才会奋力拼搏，才会创造出一番业绩。春秋时代，越国被吴国打败，越王勾践立志要报仇。为了实现复国的理想，他生命的一切潜能都被激发出来。为了激励斗志，他夜里睡在柴草上，又在起坐和睡觉的地方挂着苦胆，吃饭睡觉之前都要尝一尝胆的苦味。经过长期的准备，越国终于把吴国打败了。"卧薪尝胆"，人只因有理想才会刻苦自励、发愤图强；"梅花香自苦寒来"，崇高理想的实现就要靠苦斗。

成长中的青少年，应该有抱负有理想，使之不断激励自己并为之努力奋斗。

我要终生为人民服务

毛泽东号召中国共产党人"全心全意为人民服务，一刻也不脱离群众，一切从人民利益出发"，做人民的"公仆""勤务员"。这是毛泽东的人生观，的确，他是为此而奋斗终生的。

共产党员的楷模孔繁森，生前把自己的一切都献给了西藏人民。在他的追悼会上，一幅低垂的挽联道出孔繁森作为人民"公仆"的高尚情操："一尘不染，两袖清风，视名利安危淡似狮泉河水；二离桑梓，独恋雪城，置民族团结重如的人生，有意义的人生。因此，为人民服务，应当成为我们做人的宗旨，应当成为我们信奉和坚持的革命人生观。这也就是说，我们今天一定要为振兴中华促进人类进步、为广大人民谋利益而努力服务；决不能为那些违背中国人民根本利益的任何人和任何组织服务，不能为反对社会主义中国和破坏世界和平的反动势力服务；决不能做任何损害祖国、损害社会、损害集体、损害广大人民的事情。

只有这样，才看出你"成人"的特征。

培养和坚持高尚的人生价值观

人生价值观，是关于人生的意义、价值及其评价标准和人生价值实现途径等问题的一些基本观点。它包含着应当怎样看待人生，应当怎样做人和做什么人，应当怎样评价人生的价值等内容。

不同时代的人具有不同的人生价值观。作为社会主义中国的公民，什么样的人生价值观才是正确的人生价值观呢？我们认为，具有正确的人生价值观的人，必须正确处理公与私、义与利、奉献与索取的辩证关系。我们应当承认个人利益，更要坚持社会主义祖国的共同利益，做到个人利益与集体利益、国家利益的有机结合；目前的利益和长远的利益，暂时利益和根本利益的有机结合。从根本上说，只有社会主义祖国的共同利益得到发展，个人利益才能得到真正的、长远的发展。因此个人利益必须服从集体利益：国家利益，小局必须服从大局。当个人利益与集体利益、国家利益相冲突，局部利益与全局利益相冲突的时候，就一定要放弃和牺牲个人利益和局部利益。坚持社会主义的人生价值观就应当发扬爱国主义、集体主义、社会主义精神；反对自私自利，反对个人主义、拜金主义、享乐主义，要提倡大公无私，提倡为祖国、为人民、为社会主义和共产主义事业而乐于奉献、勇于奉献的精神。我们应当把为祖国、为人民、为中国共产党的事业而无私奉献，看作是人间最崇高，最宝贵的人生价值。我们之所以崇拜夏明翰、陈铁军、周文雍、方志敏、张思德、刘胡兰、董存瑞、向秀丽、雷锋、焦裕禄、赖宁、孔繁森……是因为他们为祖国的独立、民族的解放、人民的幸福、社会的进步，或英勇捐躯，或鞠躬尽瘁，是因为他们具有无私奉献的人生价值观。我们从儿童、少年、青年时候开始，就要逐步培养和树立这种高尚的价值观，而且终身都要坚持这种高尚的人生价值观，永远奉行，矢志不移。

真正确立正确的人生价值观，还要懂得如何评价人生的价值。

首先，评价一个人的价值时，应该把其对社会所做的贡献与应尽的责任统一起来，而绝不能以职务的高低或职业的差别去衡量一个人的价值。由于能力大小等原因，人们在社会上所承担的责任的大小总是有区别的。同样一个社会公民与少年儿童，他们对社会所承担的责任和义务也有明显的区别。由于职业不同、工作不同，也常常会使人们对社会贡献存在着大小不一的差异。但是，不论其能力大小，也不论其从事什么职业，只要在自己的工作岗位上尽职尽责，勤勤恳恳，对人民对社会做出应有的贡献，这样的一生就是有意义的，有价值的，其人生价值就应当受到社会的尊重和肯定。

其次，值得强调的是人生价值在于对人民、对社会的贡献，而不在于索取和占有，这也是集体主义、共产主义精神的体现。鲁迅先生把自己比作人民的牛，"吃的是草，挤出的是牛奶和血"。这就是奉献精神的真实写照。毛泽东也是无私奉献的典范，他多次引用鲁迅的"俯首甘为孺子牛"的诗句。全心全意为人民服务，为中国革命贡献了自己的全部精力和智慧、立下了伟大的功绩，可他却从不向人民索取什么。1947 年指挥沙家店战役，毛泽东三天两夜不曾合眼，终于胜利结束战役，俘敌 6000 余人，而他只是提出吃点肥肉补脑子。建国以后，他从未吃过任何滋补品，喜欢的仍只是吃点红烧猪肉。为了中国革命、毛泽东一家先后为祖国献出了六位亲人，自己的宝贝儿子毛岸英也在其中，这不能不惊天地泣鬼神。毛泽东不愧是人民的伟大领袖，他的人生价值是无穷的。

人生真正幸福哪里找

普天之下，谁不希望自己幸福呢？寻找幸福对成长中的青少年来说，更具魅力。然而什么是真正的幸福呢？

　　有人说，幸福在于真理和美德；有人说，幸福在于灵魂的安宁；也有人认为，有钱就是幸福；还有人认为，物质享受、感官快乐是唯一的幸福……对于生活在不同的历史条件、社会地位和生活环境中的人，幸福的内容和表现形式是很不相同的。但是，就一般意义来说。所谓幸福，就是人们在创造物质生活和精神生活的实践中，由于目标和理想的实现而得到的精神上的满足。

　　在这里，幸福离不开物质生活条件，但不能把幸福和物质享受画等号。更不能把幸福归结为个人物质享受的享乐主义。个人享乐主义是一种堕落的享乐观。一个人如沉溺于物质享受，缺乏高尚的精神情操，势必感到精神苦闷、空虚、绝望；一个人若失掉了健康的精神生活，金钱就可能成为培植贪欲、生产伪善与欺骗的土壤，甚至使人道德败坏、自甘堕落。德国思想家费尔巴哈说："有谁比守财奴更不幸呢？守财奴唯一关心和唯一爱的只是自己的钱袋。"金钱从他们心中夺去了人类一切高尚情感，在他们心中燃起贪得无厌的欲火，使他们被迫不断地投身于获取钱财的争斗。在这种争斗中，他们只获得了欲火燃起的痛苦。对他人财富的嫉妒和生怕失去钱财的忧虑不断地损害着他们的心灵，搅挠得他们连觉也睡不安稳。金钱还格外加重了他们对于死亡的恐惧和痛苦，因为死将意味着他们不再继续占有他们的财富。

金钱可以带来享乐，但不能使人获得真正的幸福，更甚的是可能危害社会的发展。资本主义国家出现的物质生活富裕，但社会风气不好、道德水平下降的现象就是活生生的例证。值得警惕的是，随着我国经济建设的发展，极端享乐主义的腐朽思想，近年来在我国有所滋长，在一些人中出现了一味追求个人生活享受的现象。现在社会上出现的偷盗、诈骗、受贿、赌博、流氓、吸毒等等违法犯罪，归根结底都是享乐主义思想在作怪。所以说，享乐主义是导致人们堕落的腐蚀剂，是同健康的劳动人民的幸福观根本对立的。

鱼儿和水在一起，劳动和幸福在一起，理想目标的实现和幸福在一起。真正的幸福不仅包含着享受，更重要的还在于劳动和创造。没有劳动和创造，就享受不到物质生活和精神生活的幸福。只有通过劳动创造，才会理解和感受到目标和理想的实现而引起的精神上的满足。有这样一个故事，说的是一个穷苦人家和富裕人家的幸福。穷苦人，家里儿女很多，夫妻俩非常勤劳，且乐观向上，他们每天从地里劳作回来后，孩子们就把自己做好的饭菜亲手端给辛劳的父母，全家人乐呵呵地享受着粗茶淡饭的快乐，一家子又唱戏，又闹笑，笑声不断，生活得无比幸福，天天如此；这引起了住在对门的一户财主的嫉妒，这家人只有夫妻俩，不用劳作，占有万两黄金，餐餐大鱼大肉，还有佣人伺候，可是他俩全然不觉得幸福，整天愁云惨雾，最终忍受不了穷苦人家传出笑声的刺激而上吊自杀。这虽有夸张，但也说明幸福的真正含义。

幸福不在于占有大鱼大肉，不在于占有黄金，它的居住处是在我们的灵魂之中。莎士比亚说："一个人要是在他生命的盛年，只知道吃吃睡睡，他还算什么东西？简单不过是一头畜生。"这就是说，人不同于一般动物，人是有理想、有思想、有感情、有丰富精神生活的。一个人如果忽视精神生活上的满足，只把物质享受当做幸福，那么，这种幸福仅仅是动物水平的幸福。

我们的幸福应该既重视物质生活的幸福，又重视精神生活的幸福。人的幸福，除了物质生活和肉体等方面的追求外，还有精神生活上的追求和心灵上的寄托。精神生活的内容包括高尚的情操、真挚的友谊、纯真的爱情、较高的文化知识素质，健康的文化娱乐和体育等等，这些比之物质生活是更高级、更深层的幸福。现实生活中的很多事实表明，只有物质生活的满足，没有精神生活的满足，是无真正幸福可言的。一个人有了丰富的精神生活，有了为崇高的人生目的和理想献身的高尚道德情操，即使物质生活条件差一些，也是苦中有乐，仍能感到生命的意义与生活的充实，这是一种很幸福的感觉。如：我国伟大的科学家钱学森、华罗庚等宁愿放弃了国外优厚的物质条件而回到祖国，并以满腔的热情投入到报效祖国的工作中去，他们是幸福的；又如，革命战争年代，物质待遇菲薄，但人的精神面貌却丰富、饱满。相反的，一个人如果缺乏理想，精神空虚，趣味低级，灵魂卑劣，即使有富足的物质生活条件，也会感到内心空虚，生活枯燥，前途渺茫，消极悲观，暮气沉沉，这种现象，屡见不鲜。

不知荣辱未成人

人生在世，要懂得怎样做人，不仅要分善恶，辨美丑，识爱憎，而且还应知荣辱，树立正确的荣辱观。

　　荣辱观念，古已有之，我国古代的思想家早就重视荣辱问题。战国时期的思想家管仲提出"仓廪实，则知礼节；衣食足，则知荣辱"。他把道德、荣辱观念同物质消费水平联系起来，包含了进步的因素。这种观念对现代人有同样的意义。我们这代人现在的生活环境好起来了，经济条件充裕了，物质需求容易满足，这是好的一方面。但有些年轻人，在追求人生的物质享受中，忽视了道德修养的提高，缺乏人生成功的荣誉感，对高尚的思想和行为不易理解，自己实践起来也觉困难，而对低级庸俗的东西则容易接受，这是很危险的。我国战国末期的思想家荀子认为，不知荣辱乃不能成人，强调知荣辱的重要性。此后，古人又提出不少有关荣辱的格言，如"宁可毁人，不可毁誉"，"宁可穷而有志，不可富而失节"，"立大志者，贫贱不能移，富贵不能淫，威武不能屈"等等。这些格言都包含有强烈的荣辱感，在我国伦理道德史上有重要的影响。

　　什么是荣誉，什么是耻辱，不同的人有不同的观念。有些人认为金钱和权力至上，把荣誉归结为金钱的多少和人的社会地位高低，把工人和农民以及他们的艰苦劳动看作是下贱、耻辱。这种人缺乏起码的道德修养，是一个冷酷无情的自私自利者，他们把个人的荣耀，把自己的"出人头地"看得比生命更重要。因而他们常常利令智昏，狂妄自大，自欺欺人。只有那些热爱劳动、技艺高超、勤俭朴实、见义勇为、忠于爱情、为人正直、主持正义的人，才是最受尊敬、享有荣誉的；而那种不劳而获、欺诈勒索、巧取豪夺的行为是卑鄙的，那些沽名钓誉、谄媚取宠、卖身求荣的人，则是可耻的。在今天，立志改革、诚心为社会现代化建设服务的人，是高尚的；反之，阻碍改革、腐败堕落、损害人民的利益、丧失国格、出卖国家的利益的人，是极端可耻的。邓小平同志说："中国人民有自己的民族自尊心和自豪感，以热爱祖国、贡献全部力量建设社会主义祖国为最大的光荣，以损害社会主义祖国利益、尊严和荣誉为最大的耻辱"。

祖国的荣誉、人民的荣誉高于一切，个人的荣誉则从属于祖国的荣誉、人民的荣誉，因此，我们所做的一切都要为国为民增光。成长中的公民不需要个人英雄主义、风头主义、小团体主义，而应该懂得国家荣，人民荣，个人也荣，反之，国家辱，人民辱，个人也辱。个人的荣辱与集体、国家、人民的荣辱是紧密联系在一起的。历史不会忘记，解放前，旧中国是半殖民地半封建社会，任人宰割，没有任何尊严，在帝国主义的租界内的公园，"华人与狗不得入内"，中国人在世界上倍受欺凌，没有任何民主、自由和说话的权利；建国后，社会主义中国傲然屹立于世界民族之林，在国际上受到尊重，有了自己的地位，每个爱国者都感到扬眉吐气，为祖国感到光荣。事实证明，个人荣誉是以集体、人民、国家的荣誉为保证的，没有集体、人民、国家的荣誉，也就没有个人的荣誉。

成长中的青少年，应确立个人的荣誉从属于人民和集体的荣誉的观念，只有这样你才不会只为个人争名争利，沽名钓誉，贪天之功为己有，抬高自己，贬低别人，甚至嫉妒别人，造谣中伤；也不会为了追求个人虚荣而不惜损害他人荣誉和集体荣誉，因而也就更加积极进取，奋发向上，表现出崇高的荣誉感和自尊心，把自己的荣誉归功于人民和集体，并对他人的荣誉视为自觉地、虚心地向他人学习。

能真正推动一个人努力的，
一定是人内心更本性的东西

"白饭好吃书难读"，这从一个侧面说明读书的艰难和清苦。随着年级的不断升高，学习内容的不断加深，你必须把整个身心扑上去才行。繁重的课程、激烈的考试竞争，就像一个无形的茧紧紧束缚着你，使你感到无限的压抑，似乎失去童稚的自由，莫名其妙地忍受着巨大的负荷。

从小到大，关于学习目的的教育已有不少，哪一个老师不是头头是道地为你讲解，为你设置成长的目标。为你寻找学习捷径，添加前进的动力？但他们到底起了多大的作用？不可否认老师有一定的指导作用，但人毕竟有他本性的弱点，那就是惰性。不希望自己受到别人强迫或牵着鼻子走，希望能缓着完成需要艰难地思考的问题，以及繁重的学习任务，让自己有个喘息的机会，"等明天再做吧"，于是惰性使一个人形成了拖延时间的坏习惯。这一点别人是不能帮你克服的，无非是批评和督促而已。能真正推动一个人努力的，一定是人内心更本性的东西。这个东西有时是在生存竞争中迫不得已的奋斗，比如说为了升学，你必须接受考试这一无情的优胜劣汰制度，所以只能拼命学习。有时这个本性的东西又是人们自我卓著欲，即希望自己比别人强，"我就期望在考试名次上过人一头"。

争强好胜是一个人青年时代最为宝贵的内在精神。没有这种精神，就是说他不可能战胜惰性，不可能去拼命去奋斗，在学习上，他哪会取得优等？在人生战场上，他哪会胜利？失却了力争上游的意识，他就会未老先衰；丢掉了青年人最为宝贵的元气，他在今后压力重重的中年老年也定会毫无出息，一无建树。

你可以平心静气地和那些学习尖子交流一下学习的心得体会，问问他们那股独占鳌头的进取意识是怎样来的。他们的真实体验是，无论在逆境还是顺境中，渴望出人头地的本性从不泯灭，与其在别人追赶中落后，不如在那难熬的逆境中变得更加强劲。于是，他们常常把握着取胜的机会。

成功的人士从来没有太多的顺境，逆境始终困绕他，于是他奋斗，持之以恒地奋斗，终于搏到了成功的一刻。一条铺好的不算坏的顺风顺水的路子，让人安安稳稳、按部就班地走下去也就容易让人产生惰性。而成功的人士却时时体会着对世界的种种感受，一刻也不停止对事业的追求与对成就感的渴望，的确，一个内心具有力量的人是不苛求环境的，无论逆境、顺境，他都会自觉挺进。

如果对于别人的长处十分敏感，
真乃是一件大好事

在读书和做人上，有些人先知先觉，所谓天才；有些人后知后觉，所谓聪明；有些人后知不觉，所谓愚钝。一个人的聪慧与愚钝就看他们的"悟"性了，其实无论什么人，头脑里都同样存在着"悟"性，只是有的人能自觉地发挥了自己的"悟"性，有的人掩盖了自己的"悟"性。你看看下面这个例子，看看人家的"悟"性是否也能在你的头脑中出现？

契机是我在无意中发现，一个功课很好的小姑娘下了课总是缠着老师问为什么。这些问题只有对课本进行了充分理解后才提得出来，因为它们往往涉及课本中有意省略的部分或内涵极深不易挖掘的地方。我深深敬佩她的钻研精神。站在这个小巧玲珑的女孩子身边，高高大大的我不禁感到一种内心的难堪。为什么她的思维如此深入细腻，而我却不行呢？从此我也开始细细研读课本，不耻"上"问，经常缠得老师误了下面的课。逐渐地，我知道了很多别的同学没考虑到的东西，可谓把书学厚了、钻深了；知识又像一个有机体融入我的脑子，使我可以把它提纲挈领，又可谓把书学薄了。这一厚一薄，使我的成绩一下子蹿了上去。

由此，我发现了一条规律：人如果对于别人的长处十分敏感，真乃是一件好事。你不仅可以学习别人的某种具体的成功方法，更重要的是当你受到他人优势压服时，会因此自惭形秽，痛而思变。这时，人内心的推动力是异常巨大的。任何人都有一股不服输的精神，这种强烈而持久的奋发源泉常会出其不意地给人带来成功。

所以，接受他人的启发，这种"悟"性，存在于每一个人，就看你能否让它在你的内心形成一股推动力量。只有这样，人家能做到的东西，你就一定能做到，人家能达到的思想境界，你也一定能达到，甚至超过。

在人群中，要清楚地认识自己的个性

立志成功的人士，一定要在人群中把自己区别于别人，要清楚地认识自己。一个人对自己的个性一定要有详细的了解，千万不要骗自己，你可以吹牛骗一个人，从而使自己感到骄傲，可是你对自己不能欺骗。了解自己之后，才会在学习及任何方面找到办法和出路。

且听一个高考"状元"如是说："说起来有意思，曾经在一份报纸上看到，心理学家发现，喜欢红色的人成功的欲望最强烈，他最难对自己满足，所以他们常常可以付出极大的努力以取得超人的成绩。偏巧，我正是喜欢红色的人。细想起来，我也的确是极好强好胜的人，就比如我对待英语的态度，别人也许落后一点儿，努努力，略提高些也就满足了，不会像我这样非要一鸣惊人不可。可见决定一个人成绩的因素，除了天资和环境外，个性也是一个客观因素。它在内心深处影响着一个人的行为。这一点靠外界劝说、教育，是改变不了的。"

在人群中，特别是在与自己一起竞争、奋斗的人群中，要清楚地认识自己的个性，发挥自己的个性，才能够脱颖而出，茁壮成长。

人的体力与心力成正比

　　人的体力的确与心力成正比。当你决心很大抱负很高的时候，你也好像永远不觉得累。坚韧不拔的人，在别人看来已经倒下了，但他仍在奋斗着走向成功，这正是他心比天高、"海枯石烂心不变"的誓不转变的心态所产生战无不胜、攻无不克的力量的真实写照。多少个莘莘学子为了高考的成功，经常熬夜，白天却从不瞌睡，只感到心在紧张地跳动，从早到晚都像上了发条的闹钟，走得嘀嗒响。

　　此外，巨大的压力有时反而刺激人活跃的思维，压力越大，反抗心理越强，大脑也更易兴奋。因此人在困厄环境中，受压力的作用常会急中生智。

　　我们有时候为了完成一项艰巨的任务，明知力不能及，但成功的愿望太强烈了，又不肯服输，于是咬紧牙关。下定决心，不怕困难，经历一系列超人的死缠烂打，精力依然旺盛，真可谓是天垮下来擎得起。一旦目的达到，精神上那根绷紧的弦一松，就感到前所未有的身心俱乏。几乎每一个迎接中考、高考的同学在每一次大考之前，脑子里不断产生各种关于假期的设想，"我要在考试后去旅游"，"我要把电视看个够"，而一旦考完试后，人又像泄气的皮球，一点劲儿也提不起来。

人的潜意识，总是驱使自己过得更舒服，更轻松，而人的意识又叫我们不要松懈，要去劳作，去吃苦。如果意识能和潜意识达到一种共容、相对协调的状态，人就可以比较健康地生活、工作。

一个学习勤奋的学生，学习越刻苦，就发现更多的时间没有利用，自我评价就越低，只好进一步刻苦。这种人在大考的时候自己觉得考不好，成绩公布反而优异。这应验了"天道酬勤，春华秋实"'的老话。的确，老天爷偏偏钟爱那些苦斗的人们。

油，不榨不出；人，不锻炼不成才

花生仁里的油是榨出来的，不是自己淌出来的。假如你要等它自动淌出来，恐怕等来的只能发霉变质而已。一个人能成才也往往需要外界条件的压力，有时压力越大，前进的动力越大。

就拿高考来说吧，无非是通过考试手段选拔人才的一种方式，可实际情况哪有这么简单！只要看看考场内心情紧张的学生，考场外眉头不展的家长和老师，就会明白高考决非一般的考试，而是关系到终身前途的大事，真有点像以前"一举及第，荣耀终身"的八股学士。所以在我国，高考已经是一项实实在在的社会工程，它所涉及的政府部门之多、社会阶层之广恐怕是他国所不能及的。对于每个考生，这不只是个学识、智力的竞争，而且也是每个考生从家长、老师、社会那里接过的一个沉重的精神包袱。随着高考的迫近，那种如临大敌的紧张和压力足以使人崩溃。谁能在这场学识、智力，心理战中过关斩将，走向胜利，就意味着踏上了人生成功的阶梯。当然这不是唯一的出路，然而，超负荷的高考压力，的确使处于成人节骨眼时的青年人增长了才干、锻炼了心智，为今后的人生进行了一次厚实的铺垫。

一个人成长中的压力不只是来自学习，更多的还是来自人生的各种追求中的失败，还有贫困、疾病、恶劣的生活环境。有人在经历后一蹶不振的一次次失败、本来是天才也变成了狗熊，有人在一次次的失败中发愤图强，只要生命不息就奋斗不止。人生是没有平坦笔直的大路可走的，只有不畏艰苦，不怕失败，一步一步攀登的人才有可能达到光辉的顶点。

名人的启示——自古雄才多磨难

真的，人在成长过程中遇上的许多压力都是来自贫困、疾病和外界的恶劣条件。任何一个伟人和英才总有一种坚定的信心和不死的精神，困难和压力可以摧毁他的一切却不能摧毁他的意志。一个人能进入这种境界，是不可能不成才的。

贫困的音乐天才舒伯特为人类留下了《死神与少女》、《冬之旅》等1000多首歌曲和乐曲。但由于贫困，他有时不得不寄宿在朋友的家里，甚至饿着肚子在维也纳的街头流浪。贫困的生活和紧张的工作以及残酷的病魔，过早地夺去了他的生命，但是人类却因为他获得了巨大的精神财富，供我们一代又一代享用。愈发深重的苦难使巴尔扎克

更获得创作的巨大成功

　　文学巨匠巴尔扎克出身于普通的法国家庭，从小母亲就不喜欢他，未满月就送给外人抚养。7 岁时，被送往一所像监狱似的寄宿学校。

　　好在图书馆成了他的自由世界，一个好心的馆员成了他的救星，使他有幸把各类书刊带进去尽情翻阅。知识的火炬点燃了他生活的热情。少年时代，苦难的生活为巴尔扎克提供了文学创作的灵感。他在学校写出了一篇富有哲理的论文《灵与肉》，惊动了整个校园。然而这浸透了巴尔扎克心血的论文却被他的老师当作废纸卖掉了。这以后，巴尔扎克的苦难愈发深重。

　　后来，年轻的巴尔扎克进入大学法律系学习，并旁听文学课。由于很少得到家里的资助，他在学习之余还要做零活，还要做苦力工。然而，巴尔扎克并不愿就此停止思想与工作，他心底一直燃烧着反叛的火焰，冲动着开拓与创造的欲望。他要当文学家，要把人间的悲欢离合写出来。

　　他在巴黎的贫民区租了一间破旧的房子。就在这斗室里，巴尔扎克以不懈的奋斗开拓了文学创作的艰苦生涯。

　　巴尔扎克开始了夜以继日地伏案写作，有时甚至三四天不出房门。他的生活简朴到了极点：粗陋的饮食，一些提神的咖啡；他衣着寒伧，又不修边幅；他不善交际，无暇看戏，无钱听音乐会。冬天来了，小屋像冰窖一样，连空气似乎都要结冻了。该生火了，可灯油钱都成问题。他身上穿的还是秋天的衣服，抵挡不住破窗而入的寒风。有时，他不得不搁下笔来搓搓冻僵的手指。当寒流袭击时，气温骤降，他就躲在被子里写作，一待就是三四天。

终于，他完成了一个剧本。然而，他惨重地失败了。后来写的两部小说，也是同样的命运。怎么办？坚信失败是成功之母。他毫无节制地工作，每三四天就用完一瓶墨水，几乎每天都要用坏两三支笔。连他母亲都说他"工作得像个野人"。为了实现自己的创作愿望，他有时一天工作18个小时。通过不懈的努力，巴尔扎克终于在法国的文坛上崛起了，但没有很好地休息过一天。为了更大的成功，他又开始构思鸿篇巨制《人间喜剧》，原计划由137部小说组成。这部巨著耗尽了作者毕生的心血。不幸的是，他在写了91部后就与世长辞了。《人间喜剧》是一部史无前例的批判现实主义文学巨著，巴尔扎克因而成为一个划时代的文学巨匠。

然而这个文学巨匠是为饥寒交迫，不断的人生惨败而造就的。无数次的失败更坚定诺贝尔前进的步伐。

"事业是我的'妻子'，发明就是我的'孩子'"，这是世界闻名的炸药发明家诺贝尔献身科学的誓言；也就是这位科学家在科研道路上不畏劳苦，勇猛攀登的真实写照。

诺贝尔1833年诞生在瑞典一个发明家的家庭里。父亲是个对发明兴趣极浓的人。他一心想用自己的智慧和努力，造出世界上还没有的东西。但他的发明一再失败，家庭生活很困难，然而他一点也不气馁，继续坚持试验。父亲这种百折不挠的精神，给诺贝尔留下了极为深刻的印象。

年幼的诺贝尔虽然贫困交加，但他自幼勤奋好学，自强不息。他只读过一年正规小学。16岁时就到美国的一家工厂里工作，开始在科学研究工作中崭露头角。

他坚定"科研要为人类造福"的志向。在这种思想的指导下，他埋研究硝化甘油。硝化甘油是一种具有强烈爆炸力液体。诺贝尔想：既然硝化甘油具有强大的爆炸力，那么用来开凿隧道，修路采矿、将是一股征服自然的巨大力量。他用尽办法想用硝化甘油制成强力炸药。诺贝尔用一根长长的导火线，一端插入硝化甘油，从另一端点燃，但硝化甘油却只燃烧不爆炸。试验失败了。但诺贝尔却从无数次失败中受到启发：硝化甘油只有同时受热或同时受到撞击时，才会发生全部的爆炸。要做到这一点极其困难，他试验了一次又一次，是为了寻求理想的爆炸物。为此，他冒着生命危险，专心致志地进行研究。虽然失败了几百次，但仍以顽强的毅力坚持试验。

对诺贝尔打击最严重的一次是1864年斯德哥尔摩实验室的爆炸事件。在这次事件中不仅炸毁了工厂，自己心爱的小弟弟和亲密的助手与工厂也同归于尽了。事故的发生，使他受到很大的压力，人们把他当作"疯子"，对他抱敌视态度。为了别人的安全，他在市郊马拉湖中造了一个平底船，继续进行研究。经过几百次的实验，他终于在1867年获得成功。在最后一次实验中，他聚精会神地注视实验的变化。突然一声巨响，实验室爆炸了、人们都惊恐地喊着："诺贝尔完了！"可是不一会儿，诺贝尔却从浓烟中跳出来，带着满身淋漓鲜血，满脸乌黑，兴奋地狂呼着："我成功了！我成功了！"这样，诺贝尔以极其顽强的信念总结经验教训，以百折不挠的毅力向死神挑战，最终试制出安全稳定的固体炸药。

后来，诺贝尔开办的炸药工厂遍布整个欧洲和一些美洲国家。他成了亿万富翁，但是他从来不考虑个人的物质享受，终生未婚。他临终前立下遗嘱："请把我全部的财产（约920万美元）作为基金，以其利息作为奖金……"不分国籍和民族，奖给世界各国对物理、化学、生理和医学有重大发明，对文学有杰出贡献的人。并设立和平奖金，以奖励对世界和平和裁军事业有重大贡献的人。

诺贝尔的一生是艰苦创业的一生，是不断攀登高峰的一生，是不断向困难挑战的一生。他的成功和千百次的失败分不开，一次次的失败更一次次地坚定成功的信心，更坚强不屈地走向研究和探索，最终以血汗换来成功，向世界展示了人生的辉煌价值。让我们每个有志于事业成功的年轻人都立志获得诺贝尔奖金，这不但是物质和荣誉的获得，更是人类最可宝贵的创业精神光芒四射。

人总是为一个奋斗的目标而活着

乍一听，很空，其实不然。一个人的目标可远可近，可大可小，有了目标生活才变得有意义，人生才更丰富多彩。当你遭遇挫折和失败时也只有心中那个信念才能支撑着你渡过难关。

对于一个中学生来说获得更高层次的教育是顺理成章的，也应该是他们心中一直奋斗的目标。高考是每个莘莘学子面临的人生的转折关口，你必须对将来从事的职业及未来的人生道路作出重要的抉择，压力不可避免，然而如何化压力为动力却是至为关键的。

这时，你要唤起人生的使命感和为人生拼搏的激情；要立志赢得高考的胜利，将它当成人生第一场硬仗与实现人生飞跃的重要时刻。成为一个天之骄子——大学生，这个目标一旦清晰地出现在你的面前，你就会不怕困难，就会珍惜时间的分分秒秒，一天复习十几小时都不觉累；你就会更加虚心学习，学而不厌，生怕自己不够"料"；你就会更热爱和尊敬你的父母你的老师，因为他们像你一样渴望你高考成功，爱护你。关心你，全力以赴支持你，为你助考，你就会各受感动就更下决心为亲人为老师争光。假如你没有确立进入大学的明确目标，你就不会为此付出激情和努力。

参加高考是这样，高考以后的事业也是这样，一定要

树立对自己有利、对别人有益、对祖国有意义的人生目标。如果找不到人生的目标，注定是会痛苦一辈子；没有目标的人生，是一种折磨；没有目标的人，是地道的窝囊废。

永不服输，力争上游才是人的精神

读书，做学问，即使不能"第一"，也要为"第一"而奋斗。在人生的阶梯上，每一步，我们都应该踏得最响，在与别人的竞争中，你要力争出类拔萃，成为佼佼者。

拿破仑说："不想当将军的士兵不是好士兵"。同样，读书不想拿第一的学生不是好学生。但是在和别人的较量中，你未必马上成为"将军"，成为"状元"，你还可能面临失败，一个个"更高更强"的人走在你的前面。这时，你应沉得住气，不要急躁，要冷静，要反省自己，看看自己哪里不对，找出落后的原因，戒骄戒躁奋力拼搏。即使是一次次落后，或者"确实"，比别人"蠢"，也不要气馁，更不要自暴自弃，放弃学习，放弃与人竞争。在"成人"的关键时刻，放弃学习，放弃与人竞争就等于放弃对人生目标的追求，那才是真正的蠢才，无出息的学生。当然，学习上的"第一"并不意味你人生的"第一"理想已经实现，它只是一个努力积累知识的过程。为你日后冲向社会的拼搏作铺垫。其中，最宝贵的不只是你比别人聪明，得了"第一"，重要的是你养成一腔正气，一腔永不服输的正气，总是力争上游，永不退却，哪还有不能做好的事情。

永不服输，力争上游，不是拍胸脯，喊口号，而是要真正激发自己的学习热情，并持之以恒地培养自己的求知欲望。人在青年时期，激情容易产生也容易消退，要紧的是学会稳定自己的心态，不让外界的干扰影响自己，要相信显然学习时会遇到许多困难，但它们终会为你所克服。求知的过程就是克服困难的过程，"科学有险阻，苦战能过关"，"在科学的大道上没有平坦比直的大路可走，只有不畏艰苦勇于攀登的人，才有可能达到光辉的顶点。"这里自信心不灭，热情就会不熄，热情常涌，求知欲强。你就自然会把全身心投入到求知中去，力争上游，为之进行实际的拼搏。

永不服输，力争上游，也不等于"我每天头悬梁，锥刺股，死读书，读死书"。过去，有一位，"英国的大历史学家"亚克敦。他的书斋里，井然排列着大约 7 万卷图书，据说每一部每一卷，都留下他的手迹。而且在空白处还用了铅笔细字，记下了各种意见和校勘文句。他的无尽的知识，没有一个人不佩服，然而他一生却毫无创作。他的朋友穆莱评论说："他就像戈壁的沙漠吸流水一样吸了知识，却非如一泓清泉，不能喷到地面上。"这不是一个典型的书呆子或书袋子吗？所以，一个人"力争上游"就是要发现真知灼见，要有自己的建树。要在学习上名列前茅，不但需要苦斗，还需要用脑，真正从乐学到苦学，走上巧学的路子。这样，你"力争上游"就有本领了。我们的学习要培养"用自己的头脑来想，用自己的眼睛来看，用自己的手来做"的精神。你们向老师学知识，无疑是必要的，但更重要的是能力和方法。不要希望教师把现成的金子送到手上，而是希望把开采金矿的能力和工具交给你们，你们需要的不是金子，而是炼金术。

加强身心锻炼
塑造健全人格

注重心灵和理性的培养

现代社会中许多人盲目追求物质文明的发展与享受，忽视了心灵和理性的培养，使得他们缺乏理想、精神空虚、在与人交往时彼此不理解、不信任、冷漠无情、自私自利的情况日益普遍；其内在精神世界严重失衡，孤独、苦闷的情绪日益滋生，导致各种社会问题急增。

由于种种不良的社会因素影响，一些青少年本来一尘未染的心灵也蒙上污垢，在腐败风气影响下，他们互相攀比，追求高消费，虚荣心极重，买一双球鞋花上几百元，甚至上千元也在所不惜。因此，当老师、家长或其他前辈与之谈论革命斗争时的艰难岁月，教育他们勤俭节约，热爱劳动时他们不屑一顾，甚至嗤之以鼻。不健康的逆反心理使得他们人格变形，拒绝接受传统道德教育，盲目崇尚西方的没落腐朽思想，追求享乐主义、个人主义，从而失去理想信仰，对前途悲观失望。在家中养成了"小皇帝"的作风，与前辈产生"代沟"，不容易接受父母师长的批评和劝告，独断专横，娇骄之气益甚，彼此之间很难沟通，也不善于交流思想情感，同学之间，稍有不和便处处树敌；另一方面，"江湖义气"十足，什么"结拜兄弟""结拜姐妹"等校内外的"帮派"造成了同学之间的不团结。他们自私自利，不讲奉献，总觉得做好事、为人民服务不光彩。在这种心灵的阴影中，一些青少年产生了心理障碍，内心世界失去平衡，未老先衰，孤独、苦闷的情绪日益滋长，失却理性，情绪冲动暴躁，寻求吃喝玩乐和感官刺激，因而有人吸烟吸毒，或沉迷于舞厅等灯红酒绿的场所，导致自我沉沦，走上违法犯罪的道路。

注重心灵和理性的培养，是青少年健康成长至关重要的因素。要塑造健全的人格，就应该从心灵和理性培养开始。

青春飞跃，慎防危机

人的生理发展有规律，人的心理发展也随着人的生理发展而发展，有它自身的特征和规律。

儿童心理发展的基本规律有：1. 儿童心理的发展，既受遗传因素和生理成熟状态的影响，又受环境和教育条件的制约。前者是儿童心理发展的物质基础或生物前提，后者对儿童心理发展起决定作用；2. 儿童心理发展的动力，是环境和教育向儿童提出的要求，它引起儿童产生新需要，并与儿童已有的心理水平、心理状态形成矛盾，这个矛盾转化发展就促使儿童心理水平不断提高；3. 儿童心理的发展过程呈现出连续性、阶段性特点。它是一个从低级到高级、从简单到复杂、从量变到质变的连续过程。在发展过程中，又表现出与各年龄阶段相符合的一般的、典型的、本质的心理特征。认识这些，有助于少年儿童了解自己、调节自己的心理状态。

由儿童期向成人过渡的时期，大致是从十四五岁开始到二十七八岁。这个时期叫青春期，也叫危机期。在这个时期内，青少年心理发展呈现一种过渡的特点，即由发展变化急剧向发展变化缓慢过渡；由矛盾动荡向逐渐稳定过渡，个性心理从不稳定向逐渐稳定过渡等等。在青少年时期，一方面由于生理的急剧发展，特别是性器官的成熟，另一方面由于认识水平、情感、行为等又仍带有很大的孩子气，没有成熟，因此，青少年心理处于一个急剧变化和矛盾动荡的状态，心理发展具有空前的速度和强大的动力性。正因为如此，在青少年时期很容易出现新的、众多的问题，例如反抗成人、反抗社会、蔑视法律、铤而走险等等。因此，这一阶段被人们称为"危机期"。

在青春飞跃时期，我们怎样面对自身出现的"危机"，防止这个"危机"的发生呢？

一、最重要的是要认识自己，建立自信心。一个人总是有某些个性上的盲点是连自己都看不清楚的，对自己的长处和短处，优点与不足，往往视而不见。所以我们应该常常自我反省，并从不同的角度去了解自己，认识自己，既不要自高自大，也不要过分苛求自己。"人贵有自知之明"，因为人如果不了解自己，就很难建立自信心，没有自信心，又怎么去和困难挫折作斗争并取得胜利呢。

二、正视理想和现实的矛盾。人生活在现实环境中，而现实环境有时是美好的，有时是残酷的，这与青少年常常抱有美好与远大的理想往往会产生冲突。如你要考高中，要考大学，要找理想的工作岗位，你想恋爱…但由于各种条件的制约，不能如愿以偿。这时，青少年必须正视理想和现实的矛盾，提高自己的心理素质和社会适应能力。具体地说要做到下面几点：

1. 提高认识水平，树立正确的世界观和方法论。我们应该很好的承认理想与现实的矛盾，并接受它。要知道光明的前途中总是布满荆棘，总是有曲折和坎坷不平的，人的一生挫折和冲突是不能回避的。遇到此情境，千万不要钻牛角尖，应想到"车到山前自有路""塞翁失马，安知非福"，坚信胜利总会到来，提高拼搏的勇气。

2. 要以英雄模范人物为榜样，树立远大的志向。从众多的英雄模范人物中找到与自己命运相似，或自己崇拜的英雄为榜样，在他们的精神激励下为理想而奋斗。

3. 要从书籍中吸取营养，丰富自己的精神世界。优秀的小说与健康的人物传记，鼓励青少年奋发向上。我们应以古今中外身处逆境而奋斗不息并取得重大成就的人物为楷模，借以鞭策，勉励自己；把激发进取的名言警句作为自己的座右铭……。这些都有利于青少年形成正确的人生观，成为有用之才；它们也能丰富青少年的文化生活、陶冶情操，以免陷入消极颓废的精神境地。请记住一本好书，一句名言会使你终身受益。

4. 控制不良情绪，不骄不躁。一个人遇到困难和挫折总会出现许多不良的情绪，这时能调适自己的心理变化是很重要的。我们应该做"乐天派"，不要傲"唉叹派"。乐观是青少年保持情绪健康的金锁匙。乐观，就必须一切从实际出发，善于运用唯物论与辩证法的观点分析、处理问题，乐观，就必须随时准备迎击困难。毛泽东说："与天斗，其乐无穷；与地斗，其乐无穷；与人斗，其乐无穷。"其实，毛泽东作为一个为人的一生就是在这种不懈的奋斗中获得幸福和快乐，获得人生的辉煌与成功。

三、要结交朋友，友善待人。朋友是人生旅途中的同行人，在与朋友的交往中，我们的内心会感到安全和温暖。朋友常使我们扩大眼界，广取信息。朋友常与我们分享幸福与愉快，分担痛苦与失败。朋友常使我们摆脱内心深处的孤独，勇敢地面对人生。友善待人应当成为我们对待他人的一个原则，它不仅能够使别人感到你的诚心、友爱和善良，而且有利于自己的心理健康。一个对他人充满仇视、敌意、轻蔑等不良态度的人，他的内心不会是纯洁而宁静的，他的心理健康也必然受到损害。

四、努力工作并注意休息，过好业余生活。工作对于每一个人来说不仅是生存的需要，而且是实现自我价值、获得心理满足的重要方面。在工作中人们表现自己的才能，取得工作成绩，获得别人的承认，确立自己的地位。工作会使人获得满足感、成就感和幸福感。在工作之余也要善于休息来丰富自己的生活，恢复自己的体力，调剂自己的精神，充分感受生活的美好。因而，过好业余生活也是极其重要的。青少年平日学习紧张，其间难免遇上不顺心、不如意的事情。排解这些心理压力的一个重要法宝，就是过好业余生活，让生活变得充实有意义。最好制订一份休闲计划，对一些较重大的节假日和休闲项目作出适当的安排，这样能使自己的休闲和学习、工作有条不紊地进行，使身心得到及时有效的放松和调适。要抽出足够的时间来进行体育锻炼，最好能根据自己的身体状况和客观条件制订出一个体育锻炼计划，务必拥有一个健康强壮的身体。要知道，身体是从事一切活动的本钱，也是心理健康的物质基础。要善于利用闲暇时间，开展一些有益的文娱活动，如唱歌、跳舞、下棋、集邮、垂钓等，这可以增添你的活力和情趣，使你生活充实、生机勃勃。

青少年健康心理标准

现代健康观认为：人的健康不仅仅只是身体方面，还应包括心理。心理不健康的人绝不是完美发展的人，甚至也不能算是一个健全的人，世界卫生组织对健康的定义是："健康，不仅仅是没有疾病或虚弱，而且包括身体、心理和社会适应在内的健全的状态。"那么，心理健康有哪些标准呢？

一、初中生心理健康的标准

1. 智力发展正常。能坚持正常学习、工作和生活。并保持在一定的能力水平上。

2. 情绪比较稳定。能适度克制自己，对事物反应敏捷，心境持久地处于轻松愉快的状态。

3. 有较浓厚的学习兴趣，能将学习与将来的发展联系起来。

4. 能与同学、老师和他人保持良好的人际关系，与人为善，助人为乐，广交朋友。

5. 行为符合社会群体要求，与学生的角色身份相符，对自己有较全面的了解。

6. 人格完整，能较客观地评价个人及外界，有一定的毅力，做到言行一致，表里如一。

7. 与大多数人的心理意向一致，热爱班集体，有较强的社会交往欲望，能处理好与异性同学的关系。

8. 能承受挫折和打击，有一定的应变能力。

9. 有一定的定向能力，个人的理想与现实的可能性之间距离接近。

10. 能初步适应快节奏的时代变化，有高效率的学习质量，精力比较充沛，自我感觉良好。

二、高中生心理健康的标准

1. 自觉——勤奋学习。不把学习当作负担。能自觉完成学习任务，能从自身的实际情况出发，不断地追求新的学习目标。

2. 自信——对自己充满信心。情绪乐观稳定，善于避免忧愁、焦虑等消极情绪，心胸比较开阔，性格开朗、豁达，充满朝气。

3. 自持——积极、向上。反应适度，善于控制自己的言行，行为具有一贯性和统一性，对复杂事物有自己的主见，不盲从。

4. 自知——强烈的自我意识。对自己的相貌、体型、体质、生理特点、体能、健康状况和兴趣、动机、态度、情感、能力、气质、性格、品德、智慧以及适应性等方面都有比较全面的了解，而且清楚地知道自己的优点和缺点。

5. 自爱——正视自己，欣赏自己。不论自己长得美或丑，有无生理缺陷，有无身体疾病，智力和能力的水平高低与否，都能喜欢、悦纳自己。

6. 自尊——有友谊感、责任感，善于与人交往。能与周围的人和睦相处，保持良好的人际关系。

7. 自强——有理想、有追求、有明确的生活目标。相信自己的存在对社会、对人民有价值、有意义。能树立远大理想，为实现自己的理想，能从自己的实际出发，制订切实可行的生活目标。

8. 自制——能较好地遵守社会道德行为规范，遵守学校纪律。具有较强的法制观念，能经受各种挫折和打击，有良好的"适应"能力及对紧急事件的应变能力。

青少年身心健康是祖国跨世纪的福气

在即将迈进 21 世纪的今天，家长们望子成龙心切，老师狠抓升学率，学生们拼着命读书，然而却忽略了他们的身心健康，从而导致不少青少年精力不足、神经紊乱、感觉失调等有碍身心健康的疾病发生。下面的问题应该引起我们高度重视：

一、睡眠严重不足。据有关资料、目前世界各国中小学生每年学习时间最长的是中国。至于"全民健身计划"，似乎中小学生是个例外，他们没有时间健身，各地的中小学生的补课攀比愈演愈烈，毕业、升学考试的复习任务相当重。有的同学做完了老师布置的作业还要做父母布置的作业，常常熬到深夜十一二点才睡觉，有的毕业班同学每天只能睡三四个小时。这样做是得不偿失的。中小学生的睡眠与生长发育是密切相关的，他们的生长主要是在睡觉时完成的。睡觉时，体内生长激素增多，睡得越香、越深，长生激素分泌就越多、越旺盛，中小学生的发育就越好。克扣孩子们的睡眠，就等于克扣他们的健康。

二、心理压力过大。天津几家医院的医生，曾连续对多名因在课堂上或挤眉弄眼，或打嗝干咳，或四肢抖动，或目光散乱，或自言自语而送诊的中小学生诊治后发现，这些学生并非"不遵守课堂纪律"。而是由于学习紧张、心理压力过大而导致的一种神经性紊乱综合征引起的。心理压力过大对疾病的抵抗能力会大为降低，还容易产生心理障碍引发抑郁症。据有关资料表明，我国目前有相当数量的中学生存在心理障碍，初中生占 13.76%，高中生占 18.79%。某中学 1015 名学生中，有 20.23%的同学被抑郁、焦虑、紧张、自卑、怯弱、畏惧等情绪所困扰。一个心境烦闷、情绪低落的人不可能有勃勃的兴致和充沛的精力去从事复杂细致的脑力劳动，记忆力减退、思考力迟缓也在所难免。

三、感觉综合失调。有的同学很聪明，但注意力总不集中；有的胆子小，在人多的场合不敢说话，一考试就紧张；有的一会儿心平气和，一会儿脾气急躁；有的在学习上松松垮垮，丢三拉四；有的挑食厌食，爱哭爱闹；有的孤独，闷闷不乐……这便是感觉综合征。感觉综合失调的同学，智力一般在平均或平均水平以上，但由外界环境的影响，由于缺乏锻炼和训练，其智力得不到充分的发展，以致学习成绩落后，运动技能差，社会适应能力低。

国家教委、国家体委、卫生部、国家民委、国家科委 1996 年 3 月 26 日在北京联合召开了 1995 年全国学生体质健康调查大会，结果表明：我国青少年的营养、教育及健康水平普遍提高，但也存在不容忽视的问题，主要表现在学生的耐力素质、柔韧性素质趋于停滞或呈下降趋势；反映心肺功能的肺活量指标明显下降。……五部门都发出呼吁：全社会都要关心青少年的身心健康。在保障青少年身心健康方面出现的偏差，绝不容忽视，这需要社会、家庭、学校和青少年本人的高度的重视。青少年朋友如果遇到身心上的困境，千万不要封闭自己，一定要到有关咨询部门和医院去接受帮助和治疗。

为了提高广大青少年的整体素质，为了让他们能在 21 世纪大显身手，让我们千方百计保障他们的身心健康。青少年身心健康是我们祖国跨世纪的福气。

融洽的人际关系，会使你更成功

最近一个时期，你对学习、对工作似乎失去信心，和同学和家人都很难沟通，人们似乎不理解自己，自己也不能理解别人，常常情绪暴躁，动不动就发脾气，甚至莫名其妙地感到情绪低落。

　　一些青少年朋友确实会在学习、生活中曾经有过类似的经历。请看下面一个女孩的自白：

　　"十几年来，我在学校一直没有什么朋友。我是一个老实人，不会讲话，宿舍里的同学谈笑风生，打打闹闹，我在一旁不知说什么才好。有时真想找个同学说说心里话，可是她们都不耐烦。因为我老实，别人叫我做什么，我从不敢拒绝。她们去玩，也从不叫上我，还背地里叫我'白痴'。但老师们都喜欢我，说我正派，学习认真。因此在学校时，虽然因为不会交际而不受同学们欢迎，但有老师喜欢也是个安慰。但毕业后，我的会交际的同学都找到了工作，而爱读书也比较聪明的我，一年多了，还待在家里，很苦闷啊。"

　　这个女孩的问题很有普遍性。在当今社会正确处理好人与人之间的关系，是一门很深的学问，甚至比我们的功课还要深。

　　在学校时，这个女孩把精力放在学习上，忽略了与同学的交往，她看不惯同学之间的嘻嘻哈哈，打打闹闹，其实这也是一种交际方式，我们不去深入讨论它，但作为一个"社会人"我们应该融进社会里去。当然，不是叫你同流合污，但太清高是很难找到朋友的。

社会已快进入 21 世纪了，各行各业更需要的是一些综合素质好的人才。不会交际，不能走进社会，这又怎能得到社会的认同呢？所以，青少年朋友在成长过程中，很重要的是要学会交际，融入社会。我们要利用自己喜欢读书的特点，多看一些社会交际类的书籍，多接触人群，学会理解，学会体谅，学会沟通，这样社会肯定会接受你的。

寻找融洽的人际关系，对于青少年的健康成长是十分必要的。要做到这一点，我们还要学会了解周围人们的心态，尊重别人的想法，并学习建立人际网络。这里，我们还需强调，不要以为埋头苦读，埋头苦干就行。有些聪明的人，他可能学业成绩顶呱呱，毕业后就担任高职，但因脾气不好，交际能力有限，与同事交往时不免产生许多不必要的摩擦，工作也不顺利，反而那些读书成绩普通的学生，但由于眼光远、生活积极，人际关系也搞得好。相比之下，这些人往往取得最后的成功。

扬起自信的风帆

青少年综合素质的培养，重要的一条，就是要树立自信心。

当今社会是一个充满竞争的社会，因而更需要自信。只有自信才能愉快地接纳自己，才会树立良好的自我形象，并满怀信心地去充实与创造自己的人生。自信能使自己对自己的学识、条件、能力和水平等充分肯定，在社交活动中既不自卑也不妄自尊大，敢于表现自己，能够轻松自如地与人交往。

青少年朋友中缺乏自信而有自卑情绪的人不少。有的为自己的长相苦恼，有的因个子矮自怨自艾，有的为自己能不足而在同事同学面前抬不起头来。这就是缺乏自信的表现。青少年必须克服成长中的自卑，培养坚强的性格，扬起自信的风帆，驶向人生胜利的彼岸。

坚强的性格是十分重要的。的确，具有坚强的意志，才能承受生活中的各种挫折，才能适应环境，坚定地朝着自己的目标努力，那么如何树立自信心呢?

1. 悦纳自己,建立自我形象。如果一个人自以为是美的,那他(她)就会尽力使自己的言行与这个意象一致,他(她)就真的会变美。如果他(她)心里认为自己是个丑八怪,他(她)就真的会慢慢生出一副蠢相,从而永远和美绝缘。

2. 建立自信的思路,改变观念。改掉"我做不到""不可能"等诸如此类消极的心理暗示,多想"我能行""做得到"等肯定、自信的想法,记住:你认为你行,你就行。

3. 主动与人交往,积极参加社会活动。人际交往是培养优良性格品质的最佳途径。经常主动地和别人交往、交谈,多参加一些文体活动和朋友聚会等,就会逐渐地忘掉原来内向、自卑的"我",渐渐地培养出开朗、健谈、敢于表达、自信的优良品质。

青少年朋友,自信给你力量,自信使你走向成功,只有自信才能积极地完善自身,并尽可能地发掘出你身上所隐藏着的潜能来。

在挫折教育中成长

一、挫折是不可避免的

在人生的道路上，人们会遇到种种困难和挫折，例如：升学失败、工作困难、生活波折、恋爱的不幸、伤残疾病的袭击等等。挫折会对人构成情绪上的打击和威胁，包括自尊心的损伤、自信心的丧失、孤独感与愧疚感的增加等等，使人陷入苦闷、焦虑、忧愁、恐惧、失望等复杂的情绪中。因而，挫折是普遍存在的一种社会心理现象，任何人的一生都不可能是一帆风顺的。因为客观事物不仅纷繁复杂，而且在不断地发展变化着，人们对它的认识需要一个不断深化的过程，特别是对于成长中的青少年，人生的经验、阅历还少，应付各种困难和痛苦的能力还很薄弱，这样或那样的障碍和干扰无可避免，因而挫折和挫折心理是不可避免的，它伴随着人的成长而来，也伴随着人的成长而去。

二、要善于把坏事变为好事

挫折既是坏事，又是好事。挫折一方面会引起失望、痛苦，使某些人消极、颓废，从此一蹶不振，或引起粗暴消极的对抗行为，导致矛盾激化，还有可能使某些意志薄弱者因此失去对生活的希望，造成不必要的伤害和损失。另一方面，挫折又给人以教益，使犯错误者猛醒，认识错误，接受教训，改弦换辙；它能磨炼人的意志。使人更加成熟，坚强。可以说成长得健康者更善于在挫折中经受考验，表现出愈挫愈勇的勇气。在逆境中奋起的人更有利于培养自己健全的人格，更能创造自己的人生价值。只要我们在不断的挫折与困难的磨炼中永远向前看，看到自己的成绩和长处，看到自己和社会的光明前途，提高自己的人生勇气，坚定信仰，树立信心，就会成为顶天立地的生活中的强者。

三、挫折心理的自我矫治

人遇到挫折时，对挫折的适应能力是不同。有的人能面向挫折与挑战，百折不挠；有的人则心灰意冷，意志消沉。这种对挫折的适应能力，叫作容忍力。每个人的挫折容忍力是不同的。

一个人受到心理挫折后，情绪各异。有的人能用理智控制自己，有的却会出现一些不良情绪，如愤怒攻击。自欺欺人，过度抑郁，自暴自弃等。因此要学会用正确的方法自我矫治。

1. 升华自己的思想情感。人遭到挫折之后，把自己的思想情感和精力转移到有益的活动中去，用积极的人生态度对待所遭受的挫折，从而将不良情绪和不能为社会所接受的动机引向比较崇高的方向，使其升华到有利于社会的高度。司马迁遭受迫害后，立志整理史籍，最终以无与伦比的毅力写出了万古流传的《史记》。奥斯特洛夫斯基，作为一个战士，受疾病摧残之后，他没有颓废消极，而是把自己的全部情感和精力投入到为自己坚定的信仰——共产主义的事业中去。他满腔热情地进行无产阶级文学创作，终于创作了不朽的作品《钢铁是怎样炼成的》。无独有偶，我国青少年的楷模张海迪，由于瘫痪高位截肢后，仍以饱满的激情，投入到为中华崛起的现代化建设事业中去。她被称为轮椅上的英雄，成为昭示青少年前进的一面旗帜。总之，具有高尚情操的人，他是不会被挫折所屈服的。

2. 寻找机会，自我补偿。"条条道路通罗马"，也就是说人生的目标之实现，也不止一条路径，我们可以通过别的途径达到目标，或者用不同的目标代替原来的目标，"此处不留人，自有留人处"。我们可以不断地寻找学习和事业的机会，以期它能获得的成功来代替挫折，即所谓"失之东隅，收之桑榆"。高考落第是升学动机的挫折，但不少有志青年走自学成才之路，这不是一种补偿的好方法吗？总之，社会之大，天地之阔，每一个人总有他脚下的路。

3. 在期望中前进。青少年要培养坦率地正视现实、面对现实的态度，把挫折当作人生不可避免的一部分，学会集中注意力于今天而不是明天更不是昨天。面对挫折，你要抬起头来，自我慰勉："这一切都会过去，今后肯定会好起来的！"受挫折的人更需要精神安慰。"希望是不幸者的第二灵魂"。向往美好的将来，是受挫折者最好的心理矫治。

4. 不留疙瘩在心头。挫折使人产生种种不良情绪，但千万不要把这种恶劣的情绪压在心上，必须采取合理的方式，将情绪发泄出来。宣泄对排解抑郁苦闷很重要，不善于和周围的人们交流思想感情，不善于或根本不愿意把自己遇到挫折遭受打击后的情绪向关心自己的人们宣泄，而是积压心头，那无疑是把定时炸弹放在心头。青少年朋友们，心中有烦恼，你可以向至亲好友倾诉；与人闹矛盾，要解开疙瘩，消除误会；工作有困难，应多向同事或领导请教。还有健康的业余爱好、积极的体育活动，这都是消除不良情绪的好方法。

5. 不奢望，应知足。人的需要是多方面的。但是在需

要得不到满足时，便容易产生受挫的情绪。因此培养坦率正视现实的态度是十分重要的。个人的需要和愿望应切合实际，合情合理。对物质的要求要恰如其分，对难以得到的东西不要奢望。对自己已得到的东西要感到满足。选择正当地满足需要方式，正确选择主导需要，把个人需要和社会需要结合起来。根据自己的能力和实际可能建立适当的志向水平，从实际出发，可以减少挫折。"知足常乐。"请记住这饱含哲理的格言吧。

名言警句启迪
思想智慧升华

珍视人生的价值

人的一生应当这样度过：当回忆往事的时候，他不致于因为虚度年华而痛悔，也不致于因为过去的碌碌无为而羞愧在临死的时候，他能够说："我的整个生命和全部精力，都已献给世界上最壮丽的事业——为人类的解放而斗争。"

奥斯特洛夫斯基

我们活着不能与草木同腐，不能醉生梦死，枉度人生，要有所作为！

方志敏

人生应该如蜡烛一样，从顶燃到底，一直都是光明的。

萧楚女

人的生命是有限的，可是为人民服务是无限的，我要把有限的生命，投入到无限的为人民服务之中去。

雷 锋

人活着或是死了，都不要给别人增添忧愁。

赵 丹

你若要喜爱你自己的价值，你就得给世界创造价值。

歌 德

如果我曾经或多或少地激励了一些人的努力，我的工作，曾经或多或少地扩展了人类的理解范围，因而给这个世界增添了一分欢乐，那我也就感到满足了。

爱迪生

人生不是一支短短的蜡烛，而是一支由我们暂时拿着的火炬，我们一定要把它燃得十分光明灿烂，然后交给下一代的人们。

萧伯纳

一个人的价值，应当看他贡献什么，而不应当看他取得什么。

爱因斯坦

一个人对社会的价值首先取决于他的感情、思想和行动

对增进人类利益有多大作用。

爱因斯坦

在人生的旅途罢，前途很远，也很暗。然而不要怕。不怕的人，面前才有路。

鲁　迅

生活真像杯浓酒，不经三番五次的提炼呵，就不会这样可口！

郭小川

生命之树常青。

歌　德

愿你们每天都愉快地过着生活，不要等到日子都过去了才找出它们的可爱之点，也不要把所有特别合意的希望都放在未来。

居里夫人

希望是附丽于存在的，有存在，便有希望，有希望，便是光明。

鲁　迅

工作愈伟大，所受的反抗愈厉害，简直成为一种律令，对付这种厉害的反抗，最重要的工具是乐观主义。

邹韬奋

隐藏的忧伤如熄火之炉，能使心烧成灰烬。

莎士比亚

假如生活欺骗了你，

不要忧郁，也不要愤慨，

不顺心的时候暂且容忍，

相信吧，快乐的日子就会到来。

普希金

辛勤的蜜蜂永远没有时间悲哀。

布莱克

幸运并非没有许多的恐惧与烦恼，厄运并非没有许多
的安慰与希望。

培　根

与高贵的思想为伍的人，是决不会孤独的。

菲力蒲·西登尼

吃苦在前，享受在后，不同别人计较享受的优劣，而

同别人比较革命工作的多少和艰苦奋斗的精神。

刘少奇

一个人如果只想到自己，那是最可耻的，一个人如果只为自己活着，那就不如死掉。

彭德怀

生活只有在平淡无味的人看来才是空虚而平淡无味的。

车尔雪尼夫斯基

一个受物质支配的人，一个个人"物欲"很强的人，一定是缺乏理想、趣味低级、精神生活很空虚的人，也是生活极为可悲的人。

陶　铸

清贫、洁白、朴素的生活，正是我们革命者能够战胜许多困难的地方！

方志敏

一个人只有物质生活没有精神生活是不行的，而有了充实的革命精神生活，就算物质生活差些，就算困难大些，也能忍受和克服。

陶　铸

世界上有两种人，一种人，虚度年华；另一种人。过着有意义的生活。在第一种人的眼里，睡在既柔和又温暖的床铺上，那他便十分心满意足了；在第二种人眼里，可以说，生活就是建立功绩……人就在完成这个功绩中享受到自己的幸福。

别林斯基

爱祖国就要首先为祖国服务

我们爱我们的民族，这是我们自信心的泉源。

周恩来

人民不仅有权爱国。而且爱国是个义务，是一种光荣。

班固

虚荣的人注视着自己的名字；光荣的人注视着祖国的事业。

马　蒂

一般就在部分之中、谁不属于自己的祖国，那么他就不属于人类。

别林斯基

科学没有国界，科学家却有国界。

巴甫洛夫

爱国主义也和其他道德情感与信念一样，使人趋于高尚，使他愈来愈能了解并爱好真正美丽的东西，从对于美丽东西的知觉中体验到快乐，并且用尽一切方法使美丽的东西体现在行动中。

凯洛夫

假如我是有一些能力的话，我就有义务把它献给祖国。

林　耐

惟有民魂是值得宝贵的，惟有他发扬起来，中国人才
有进步。

鲁　迅

我愿用我全部的生命，从事研究科学，来贡献给生育
我栽培我的祖国和人民。

巴甫洛夫

真正的爱国主义不应表现在漂亮的话上，而应表现在
为祖国谋福利，为人民谋福利的行动上。

杜勃罗留波夫

生命短促，美德长存

在一个人民的国家中还要有一种推动的枢纽，这就是
美德。

孟德斯鸠

人不能像走兽那样活着，应该追求知识和美德。

但　丁

勿以恶小而为之，勿以善小而不为。惟贤惟德，能服于人。

刘　备

出身贫苦，不可骄傲；创业艰难，不可奢华；努力不懈，不可安逸。能以"谦""俭""劳"三字为立身之本，而补余之不足；以"骄""奢""逸"三字为终身之戒，而为一个健全之国民，则余愿足矣。

李耀先

一个人最伤心的事体无过于良心的死灭。

郭沫若

应该热心地致力于照道德行事，而不是空谈道德。

德谟克里特

生命短促，只有美德能将它流传到辽远的后世。

莎士比亚

德不孤，必有邻。

老子

不在乎褒贬者，必能心安理得。

汤马斯

一己的虚伪，足以累到世上的人们。

安·休德拔克

未得到名声之前，你就不会相信名声的存在。身体要经常保持洁净，使自己神采奕奕。如果不擦亮你的灵魂之窗，你就无法看清世上的一切

萧伯纳

美德的唯一报酬是美德。

爱默生

我们处于什么方向不要紧，要紧的是我们正朝什么方向移动。

麦　斯

要纯洁无邪只要无罪行便可，但若想有美德，却必需克服我们丑恶的情操与意向。

彭　恩

当我们为了美德所带来的快乐作为报酬而履行义务的时候，那不算是美德，那只是美德的赝品。

西塞罗

最有道德的人，是那些有道德却不须由外表表现出来而仍感满足的人。

柏拉图

不要从特殊方面去衡量一个人的美德，应该从日常生活的行为中去视察。

巴斯葛

　　善良与品德兼备，有如宝石之于金属，两者互为衬托，益增光彩。

萧伯纳

　　节俭是你一生食用不完的美筵。

爱默生

　　节俭是穷人的财富，富人的智慧。

莎士比亚

　　懒惰是诱惑的温床，疾病的摇篮，时间的浪费者，幸福的蚕食者。

巴尔扎克

　　勤勉是幸福的右手，节俭是幸运的左手，两者均可致富。

莎士比亚

人生的光荣，不在永不失败，而在于能够屡仆屡起。

拿破仑

最有希望的成功者，并不是才干出众的人，而是那些最善于利用每一时机去发掘开拓的人。

苏格拉底

守法和有良心的人，即使有迫切的需要也不会偷窃，可是，即使把百万金元给了盗贼，也没法儿望他从此不偷盗。

克雷洛夫寓言

要是一个人的全部人格、全部生活都奉献给一种道德追求，要是他拥有这样的力量，一切其他的人在这方面和这个人相比起来都显得渺小的时候，那我们在这个人的身上就看到崇高的善。

车尔尼雪夫斯基

夫君子之行，静以修身，俭以养德，非澹泊无以明志，非宁静无以致远。

诸葛亮

历览前贤国与家，成由勤俭败由奢。

李商隐

见贤思齐焉，见不贤而内自省也。

孔 子

要留心，即使当你独自一人时，也不要说坏话或做坏事，而要学得在你自己面前比在别人面前更知耻。

德谟克里特

古之君子，其责己也重以周，其待人也轻以约；重以周，故不怠，轻以约，故人乐为善。

韩 愈

我的确时时解剖别人，然而更多的是更无情面地解剖我自己。

鲁　迅

自觉心是进步之母，自贱心是坠落之源，故自觉心不可无，自贱心不可有。

邹韬奋

不论是别人在跟前或者自己单独的时候都不要做一点劣的事情：最要紧的是自尊。

毕达哥拉斯

礼仪的目的与作用本在使得本来的顽梗变柔顺，使人们的气质变温和，使他敬重别人，和别人合得来。

约翰·洛克

赠人以言，重于珠玉，伤人以言，重于剑戟。

孙　子

青年人应当不伤人，应当把各人所得的给予各人，应

当避免虚伪与欺骗，应当显得恳挚悦人，这样学着去行
正值。

夸美纽斯

礼貌是儿童与青年所应该特别小心地养成习惯的第一
件大事。

佚　名

没有理想就等于没有灵魂

夫志当存高远。

诸葛亮

一个人追求的目标越高，他的才力就发展得越快，对
社会就越有益；我确信这也是一个真理。

高尔基

立志是一件很重要的事情。工作随着志向走，成功随

着工作来，这是一定的规律。立志，工作，成功，是人类活动的三大要素。立志是事业的大门，工作是登堂入室的旅程。这个旅程的尽头就有个成功在等待着，来庆祝你的努力结果。

巴斯德

抱负是高尚行为成长的萌芽。

英格利希

如果能追随理想而生活，本着正直自由的精神，勇往直前的毅力，诚实不自欺的思想而行，则定能臻于至美至善境地。

居里夫人

生活的理想，就是为了理想而生活。

张闻天

一个精神生活很充实的人，一定是一个很有理想的人，一定是一个很高尚的人，一定是一个只做物质的主人而不做物质的奴隶的人。

陶　铸

人活着，总有个坚定的信仰，不光是为了自己的衣食住行，还要对社会有所贡献。

张志新

敌人只能砍下我们的头颅，决不能动摇我们的信仰！因为我们信仰的主义，乃是宇宙的真理！

方志敏

革命理想，不是可有可无的点缀品，而是一个人生命的动力，有了理想，就等于有了灵魂。

吴运铎

最可怕的敌人，就是没有坚强的信念。

罗曼·罗兰

工作中你要把每一件小事都和远大的固定的目标结合

起来。

马雅可夫斯基

知识就是力量

知识是引导人生到光明与真实境界的灯烛。

李大钊

知识是一种欢乐，而好奇则是知识的萌芽。

培　根

无知是智慧的黑夜，是没有月亮、没有星星的黑夜。

西塞罗

不知道自己的无知是双倍的无知。

柏拉图

趁年青少壮去探求知识吧，它将弥补由于年老而带来的亏损。智慧乃是老年的精神的养料，所以青年进应该努力，这样老年时才不致空虚。

达·芬奇

青年的敏感和独创精神，一经与成熟科学家丰富的知识和经验相结合，就能相得益彰。

贝弗里奇

生活的全部意义在于无穷的探索尚未知道的东西，在于不断地增加更多的知识。

左　拉

正确的道路是这样：吸取你的前辈所做的一切，然后再往前走。

列夫·托尔斯泰

智力决不会在已经认识的真理上停止不前，而始终会不断前进，走向尚未认识的真理。

布鲁诺

生活便是寻求新知识。

门捷列夫

人的天赋就像火花，它既可以熄灭，也可以燃烧起来。而逼使它燃烧成熊熊大火的方法只有一个，就是劳动，再劳动。

高尔基

如果是玫瑰，它总会开花的。

歌　德

业精于勤荒于嬉，行成于思毁于随。

韩　愈

一分耕耘，一分收获，要收获得好，必须耕耘得好。

徐特立

人生在世，事业为重。一息尚存，绝不松劲。东风得势，时代更新。趁此时机，奋勇前进。

吴玉章

科学的灵感，绝不是坐等可以等来的。如果说，科学上的发现有什么偶然的机遇的话，那么这种"偶然的机遇"只能给那些学有素养的人，给那些善于独立思考的人，给那些具有锲而不舍的精神的人，而不会给懒汉。

华罗庚

精神的浩瀚、想象的活跃、心灵的勤奋，就是天才。

狄德罗

勤能补拙是良训，一分辛劳一分才。

华罗庚

天才不能使人不必工作，不能代替劳动。要发展天才，必须长时间地学习和高度紧张地工作。人越有天才，他面临的任务也越复杂、越重要。

阿·阿·斯米尔诺夫

古今中外，凡成就事业、对人类有所作为的，无一不是脚踏实地、艰苦攀登的结果。

钱三强

最好不是在夕阳西下的时候幻想什么，而要在旭日东升的时候即投入工作。

谢觉哉

攀登科学高峰，就像登山运动员攀登珠穆朗玛峰一样，要克服无数艰难险阻，懦夫和懒汉是不可能享受到胜利的喜悦和幸福的。

陈景润

成功＝艰苦的劳动＋正确的方法＋少说空话。

爱因斯坦

劳动是一切欢乐和美好事物的源泉

我们世界上最美好的东西，都是由劳动、由人的聪明的双手创造出来的。

高尔基

只有人的劳动才是神圣的。

高尔基

我觉得人生求乐的方法，最好莫过于尊重劳动。一切乐境，都可由劳动得来，一切苦境，都可由劳动解脱。

李大钊

所有现存的好东西都是创造的果实。

米　尔

我只相信一条：灵感是在劳动时候产生的。劳动，这是一切钝感的最好医生。

奥斯特洛夫斯基

世间没有一种具有真正价值的东西，可以不经过艰苦辛勤劳动而能够得到的。

爱迪生

快乐是从艰苦中来的。只有经过劳作、经过奋斗得来的快乐，才是真快乐。不可能有从天上掉下一个快乐来给你享受。而且快乐常常不是要等到艰苦之后，而是就在艰苦之中。

谢觉哉

经过费力才得到的东西要比不费力就得到的东西较能令人喜爱。一目了然的真理不费力就可以懂，懂了也会感到暂时的愉快，但是很快就被遗忘了。

簿迦丘

科学不是可以不劳而获的，——诚然，在科学上除了汗流满面是没有其他获致的方法的；热情也罢，幻想也罢，以整个身心去渴望也罢，都不能代替劳动。

赫尔岑

勤劳一日，可得一夜安眠；勤劳一生，可得幸福长眠。

达·芬奇

完善的新人应该是在劳动之中和为了劳动而培养起来的。

欧　文

爱劳动是共产主义道德主要成分之一。但只有在工人阶级获得胜利以后，人类生活不可缺少的条件——劳动，才不会是沉重而可耻的负担，而成为荣誉和英勇的事业。

加里宁

如果你能成功地选取择劳动，并把自己的全部精神灌注到它里面去，那么幸福本身就会找到你。

乌申斯基

人生在勤，不索何获。

张　衡

"一劳永逸"的话，有是有的，而"一劳永逸"的事，

却极少……

鲁　迅

春天不播种，夏天就不生长，秋天就不能收割，冬天就不能品尝。

海　涅

要善于从美的事物中找到美

任何东西，凡是显示出生活使我们想起生活的，那就是美的。

车尔尼雪夫斯基

最能直接打动心灵的还是美。美立刻在想象里渗透一种内在的欣喜和满足。

爱迪生

从美丽事物中找到美，这就是审美教育的任务。

席　勒

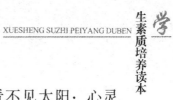

眼睛如果还没有变得像太阳，它就看不见太阳；心灵也是如此，本身如果不美也就看不见美。

普洛丁

美是到处都有的。对于我们的眼睛，不是缺少美，而是缺少发现。

罗　丹

美与真是一回事。这就是说，美本身必须是真的。

黑格尔

黄钟之与瓦釜，就是善与恶、是与非、美与丑、正与邪、真理与诡辩，永远是对立一时而前者总是获得决定的胜利。

郭沫若

美与善是不可分割的，因为二者都以形式为基础；因此，人们通常把善的东西也称赞为美的。

托马斯·阿奎那

只有真才美，只有真才可爱；虚假永远无聊乏味，令人生厌。

布瓦洛

有用的，不过就是有用的；美的，不过就是美的；有用而又美的，这就是崇高了。

雨　果

照亮我的道路，并且不断地给我新的勇气去愉快地正视生活的理想，是善、美和真。

爱因斯坦

真、善、美是些十分相近的品质。在前面的两种品质之上加以一些难得而出色的情状，真就显得美，善也显得美。

狄德罗